Peter Owen · Outdoor-Knotenfibel

peter owen

outdoor-knotenfibel

die 70 wichtigsten knoten step by step

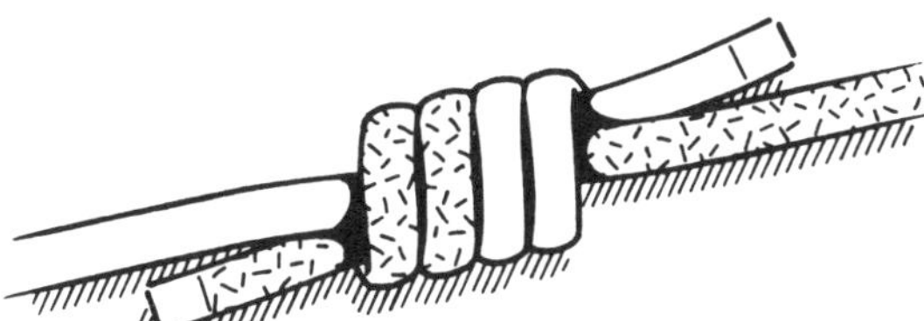

blv

Für Charlie Owen

Bibliografische Information
Der Deutschen Bibliothek
Die Deutsche Bibliothek verzeichnet diese Publikation in der Deutschen Nationalbibliografie; detaillierte bibliografische Daten sind im Internet über http://dnb.ddb.de abrufbar.

BLV Verlagsgesellschaft
München Wien Zürich
80797 München

Vierte, durchgesehene Auflage

Titel der amerikanischen Originalausgabe:
THE BOOK OF OUTDOOR KNOTS
erschienen bei Lyons & Burford Publishers, New York

Übersetzung aus dem Amerikanischen von Gabriele Graf

Lektorat: Marianne Faiss-Heilmannseder
Einbandgestaltung: Network, München
Umschlagfoto: Bildagentur Bavaria/Geopress

Gedruckt auf chlorfrei gebleichtem Papier

Gesamtherstellung: Friedrich Pustet, Regensburg

Printed in Germany · ISBN 3-405-14779-4

Inhalt

Einführung 6

Stopperknoten 15
Schlingen 23
Schlaufen 41
Laufende Knoten 65
Verkürzungen 73
Steke 77
Fischerknoten 113

Glossar 133
Knoten für bestimmte Aktivitäten 137
Verzeichnis der Knoten 140

Einführung

Ein Knoten ist eine Verknüpfung in einer Schnur, einem Tau oder Seil. Er kann in der Schnur selbst oder zwischen zwei Schnüren gebunden werden. Er kann auch benutzt werden, um einen Gegenstand an einer Schnur zu befestigen. Ein Knoten entsteht, indem man das lose Ende einer Schnur durch eine Schlaufe führt und dann festzieht, oder indem man verschiedene Schnüre, Taue oder Seile verbindet. Die Fertigkeit, einen Knoten richtig zu binden, und das Wissen, welcher Knoten sich für einen bestimmten Zweck eignet, sind unabdingbar für Sicherheit und ungetrübte Freude bei vielen Aktivitäten in der Natur und haben schon manchem das Leben gerettet.
Es gibt unterschiedliche Gruppen von Knoten, die für verschiedene Zwecke eingesetzt werden: Stopperknoten, laufende Knoten, Schlaufen, Steke und Schlingen sowie Fischerknoten, die zum Verknüpfen dünner Schnüre verwendet werden. Innerhalb dieser Gruppen gibt es außerdem viele Abwandlungen, doch es genügt, vier oder fünf Knoten zu kennen. Am wichtigsten ist es, den richtigen Knoten für einen bestimmten Zweck zu wählen und diesen ungeachtet der äußeren Umstände schnell und richtig binden zu können.
Schließlich sollten Sie nicht vergessen, daß Knoten die Reißfestigkeit jeder Schnur – unabhängig von der Art des Materials – um 5 bis 20 Prozent verringern. Knoten lösen sich kurz bevor sie reißen, doch ein richtig geknüpfter und festgezogener Knoten hält einer wesentlich höheren Belastung stand, bevor er tatsächlich aufgeht.

Herstellung von Seilwerk

Ursprünglich stellte man Seilwerk her, indem man Naturfasern zusammendrehte. Die Fasern wurden zuerst zu einem Garn, dann zu Kardeelen und schließlich zu Seilwerk geschlagen. Wenn man ein gewöhnliches dreikardeeliges Seil untersucht, stellt man fest, daß die Kardeele nach rechts oben verlaufen. Es handelt sich um ein rechtsgedrehtes Seil. Bei der Herstellung des Seils wurden die Fasern zu rechtsgedrehten Garnen geschlagen; die Garne wurden in die entgegengesetzte Richtung zu linksgedrehten Kardeelen und diese wiederum zu einem rechtsgedrehten Seil gewunden. Wenn man ein Kardeel auftrennt, ist deutlich zu sehen, daß es linksgedreht wurde und damit in entgegengesetzter Richtung zum fertigen Seilwerk geschlagen ist. Dies ist das grundlegende Prinzip der Seilherstellung. Selbst wenn man ein Kardeel entfernt, lösen sich die beiden übrigen Kardeele nicht voneinander. An der Stelle des fehlenden Kardeels bleibt eine Ausbuchtung. Durch diesen alternierenden Drehvorgang entsteht eine Spannung, die dem Seil Halt und Festigkeit verleiht.

Ein Seil besteht aus zu Garnen zusammengedrehten Fasern, die in entgegengesetzter Richtung wieder zu Kardeelen geschlagen werden. Gewöhnlich werden drei Kardeele zu einem fertigen Seil verarbeitet.

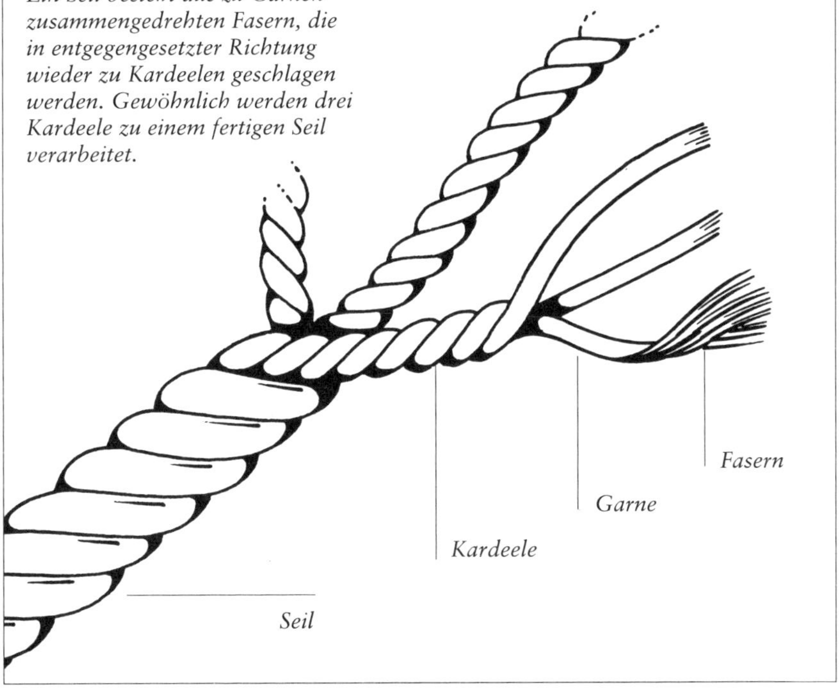

Seilwerk aus Naturfasern

Jahrtausendelang wurde Seilwerk aus Naturfasern hergestellt. Baumwolle und Flachs wurden wegen ihrer Biegsamkeit, Coir und Sisal wegen der geringen Kosten und Manilahanf wegen seiner Stärke geschätzt. Erst Engpässe während des Zweiten Weltkriegs führten zur Entwicklung von Kunstfasern. Naturfaserseile sind meist dreikardeelig und rechtsgedreht. Vierkardeeliges, linksgedrehtes Seilwerk ist viel seltener und 10 Prozent weniger belastbar – zusätzliche Kardeele erhöhen die Seilstärke nicht. Ein kabelgeschlagenes Tau (ein neunkardeeliges Tau, das aus drei dreikardeeligen Seilen linksgedreht wurde) ist um 40 Prozent schwächer als ein trossengeschlagenes (dreikardeeliges) Seil mit dem gleichen Durchmesser.
Die Länge der Naturfasern ist abhängig von der Pflanze, aus der sie gewonnen wurden. Die Enden der einzelnen Fasern (auch Stapel genannt) verleihen Naturfaserseilen ihr haariges, grobes Aussehen sowie ihre den glatten Kunstfasern überlegene Zugkraft und Widerstandsfähigkeit. Doch haben Naturfasern auch viele Nachteile. Es mangelt ihnen an Elastizität. Nässe läßt sie anschwellen und schwer werden, so daß der Knoten nur unter Schwierigkeiten gelöst werden kann. Sie sind anfällig für Schimmel und verrotten bei unsachgemäßer Lagerung. Starke Sonneneinstrahlung, Chemikalien und Salz lassen sie schwach und spröde werden.

Synthetikseile

Synthetische Materialien haben die Naturfasern bei der Herstellung von Seilwerk fast völlig verdrängt. Kunstfäden können auf die erforderliche Länge gesponnen werden, haben eine einheitliche Stärke und müssen nicht gewunden werden, um den Verbund der einzelnen Fasern zu gewährleisten. Dies verleiht ihnen unübertroffene Festigkeit.
Nylon wurde gegen Ende des Zweiten Weltkriegs entwickelt und ist die erste Kunstfaser, die bei der Seilherstellung Verwendung fand. Seither wurden verschiedene Synthetikseile für unterschiedliche Zwecke entwickelt. Doch allen sind bestimmte Eigenschaften gemein. Sie sind allesamt leichter, fester und billiger als ihre natürlichen Verwandten. Sie verrotten und schimmeln nicht. Sie nehmen durch Meerwasser, Sonneneinstrahlung, Chemikalien, Öl, Benzin und die meisten Lösungsmittel keinen Schaden. Sie absorbieren weniger Wasser als Naturfaserseile, so daß ihre Reißfestigkeit auch bei Nässe unbeeinträchtigt bleibt. Sie können in verschiedenen Farben hergestellt werden. Beim Segeln können die Leinen nach ihren verschiedenen Funktionen farblich gekennzeichnet werden. Farbige Kletterseile sind gut sichtbar. Außerdem sind Synthetikseile dehn- und stoßfest sowie in höchstem Maße belastbar.
Nylonfasern (Polyamid) verleihen einem Seil Festigkeit und Elastizität,

Geflochtenes Seilwerk:
Die Kombination aus Außenhülle und Kernstück macht geflochtenes Seilwerk weicher, biegsamer und wesentlich stärker als andere Arten von Synthetikseilen.

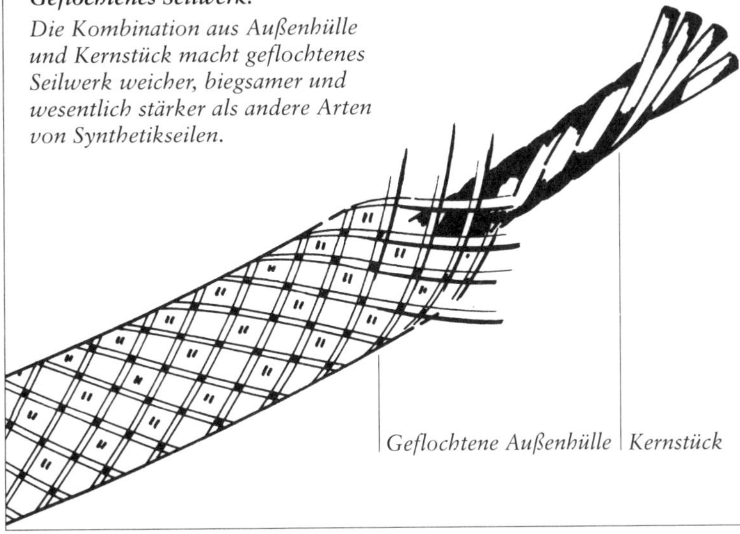

wodurch es Stoßbelastungen bestens standhält. Diese Fasern sind für Schlepptaue geeignet, da sie weder verrotten noch schwimmen, und daher bei Seglern beliebt. Chemisch leicht abgewandelte Nylonfasern finden beim Klettern Einsatz. Sie werden auch als Angelleinen verwendet, wo Stabilität, Flexibilität und gute Knoteneigenschaften gefragt sind.

Polyesterseile sind fast so stark wie Nylonprodukte und dehnen sich nur geringfügig. Sie schwimmen nicht, sind haltbar und resistent gegen Witterungseinflüsse. Beim Segelsport werden sie häufig für Schoten und Falleinen eingesetzt. Polyester wird auch für dünnen Zwirn verwendet.

Polypropylen ist nicht so fest wie Nylon oder Polyester, aber es eignet sich für gute, preiswerte Mehrzweckseile. Es ist in hohem Maße resistent gegen Witterungseinflüsse, Licht und Kohlenwasserstoffverschmutzung, wie man sie häufig in Häfen mit starkem Motorbootverkehr findet. Es ist die einzige Faser, die gut treibt, und wird daher gern beim Wasserskifahren, als Rettungsleine und zum Vertäuen großer Schiffe verwendet. Die Schwimmeigenschaft bedeutet freilich, daß das Seil sich in einem Propeller verfangen oder von diesem durchtrennt werden kann.

Polyäthylenseile sind schwächer als andere Synthetikseile. Das Material ist billig, doch auch sehr dehnbar und gleitfähig, so daß sich Knoten leicht lösen. Abgesehen von einigen Spezialbereichen findet es wenig Verwendung und sollte gemieden werden.

Aramidfasern sind die neuesten und stärksten Kunstfasern, die bisher entwickelt wurden. Aramid ist leicht, schmilzt nicht (es zerfällt bei etwa 500°C), und seine Reißfestigkeit entspricht der von Stahl. Doch ist es sehr teuer und reagiert empfindlich auf ultraviolette Strahlen.

Mit Ausnahme der Aramidfasern haben Synthetikseile den Nachteil, daß sie beim Erhitzen schmelzen. Schon die Reibungswärme, die entsteht, wenn sich zwei Seile gegeneinander verschieben, kann Schäden verursachen. Daher ist es unabdingbar, sicherzustellen, daß die Seile nicht aneinander reiben; dies gilt in besonderem Maße für Kletterer und Bergsteiger. Reibungswärme kann verknotete Seile verschmelzen, so daß die Knoten nicht mehr gelöst werden können.

Ein weiterer Nachteil der aus fortlaufenden Fäden hergestellten Synthetikseile ist ihre Glätte, die dazu führt, daß sich Knoten verschieben oder lösen. Die Knoten müssen möglicherweise durch einen zusätzlichen Halbstek gesichert werden. Manche Seile werden auf die traditionelle Weise geschlagen, um das Problem zu umgehen. Man schneidet die Fäden in Teilstücke, um das Seil haarig und damit weniger gleitfähig zu machen. Dann werden die Fäden rechts- bzw. linksgedreht, um Garne, Kardeele und schließlich geschlagenes Seilwerk herzustellen.

Andere Arten von Synthetikseilen werden geflochten. Hierbei gibt es zwei Möglichkeiten: Entweder man stellt ein Flechtwerk aus vier oder acht festen Kardeelen her; oder das Seil besteht aus einer Außenhülle, bei der 16 oder mehr Kardeele ein Kernstück umgeben, das entweder geflochten und hohl ist oder aus festen, parallel verlaufenden oder leicht gedrehten Fäden besteht. Letztere Variante ist weicher, flexibler, beträchtlich stärker und bei Bergsteigern sehr beliebt.

Bei Verdoppelung des Seildurchmessers und unveränderten anderen Bestandteilen vervierfacht sich die Seilstärke. Die Entscheidung für ein bestimmtes Seil hängt jedoch nicht ausschließlich von der Stärke ab. Wenn das Seil Stöße abfangen soll, dann ist Elastizität von vorrangiger Bedeutung. In einem solchen Fall wäre ein Polyesterpolyamidseil die beste Wahl.

Ein geschlagenes Seil, daß aus einer Vielzahl dicker, fest gedrehter Fäden besteht, ist zwar sehr strapazierfähig, doch Knoten sind schwierig zu binden und halten nicht gut. Meiden Sie übermäßig steifes Seilwerk. Trotz möglicher gegenteiliger Behauptungen des Verkäufers wird solch ein Seil mit der Zeit nicht biegsamer. Desgleichen sollten Sie die Finger von übermäßig weichen Seilen lassen.

Segler sollten schwimmendes Seilwerk nur für Rettungsleinen, Bojen etc. verwenden. Solche Leinen sollten nicht zum Ankern in Häfen eingesetzt werden, da sie vom Propeller eines Motorboots leicht gekappt werden können.

Auswahl und Pflege von Seilwerk

Wählen Sie ein Seil nach dem Verwendungszweck, dem Material und der Herstellungsart (beispielsweise geflochten oder geschlagen).

	Nylon	Polyester	Polypropylene
Allgemeine Verwendung im Freien	●		
Klettern	●		
Ankern	●	●	
Vertäuen	●	●	●
Takelage		●	
Schleppen	●		●
Fischen	●		

Versiegeln der Enden

Wenn man Synthetikseile beim Händler kauft, wird das Seil mit einem elektrisch erhitzten Messer auf die gewünschte Länge zugeschnitten. Dadurch wird das Ende versiegelt und zugespitzt. Wenn man Synthetikseile selbst abschneidet, sollte man ein scharfes Messer verwenden und das Ende mit einem Feuerzeug anschmelzen. Dann sollte die angeschmolzene Stelle mit dem feuchten Finger begradigt und abgerundet werden. Dies ist die beste Methode zur Versiegelung. Ausgefranste Enden sollten versiegelt oder betakelt werden, um den Verlust nützlichen Seilwerks zu vermeiden.

Seilpflege

Seile bestehen aus einem strapazierfähigen Material. Doch sie sind teuer, und gute Pflege macht sich bezahlt. Seilpflege gewährleistet Haltbarkeit und lange Lebensdauer. Seile sollten nicht über rauhe, scharfe Kanten oder schmutzige, sandige Oberflächen gezogen werden, da sonst Partikel in das Seil dringen und die Fasern schädigen. Treten Sie nicht auf Seilwerk, und vermeiden Sie die Ausbildung scharfer Kinken. Seile sollten regelmäßig untersucht, und Schmutz, Sand und Öl sollten ausgewaschen werden. Wickeln Sie das Seil sorgfältig auf, und stellen Sie sicher, daß es vor dem Aufwickeln trocken ist. Dies gilt auch für Synthetikseile. Wenn das Seil Meerwasser ausgesetzt war, sollte es gründlich gespült werden, um Salzablagerungen zu entfernen. Am Ende der Saison reinigt man am besten alle Seile mit einem milden Waschmittel und entfernt Öl- oder Teerflecken mit Benzin oder Trichloräthylen.
Knoten schwächen das Seil. Je fester der Schlag und je stärker die Biegung, desto größter ist die Gefahr, daß das Seil reißt. Dies geschieht immer direkt neben dem Knoten. Einige der gebräuchlichsten Knoten, wie etwa der einfache Überhandknoten (siehe Seite 16), gehören auch zu denen, die das Seil am stärksten schädigen. Steke, wie der Webeleinenstek (siehe Seite 80) oder der Fischerstek (siehe Seite 94) beanspruchen das Seil weniger, da ein Teil der Last durch die Reibung in den Windungen abgefangen wird.
Es sollten nie Seile aus verschiedenen Materialien zusammen verwendet werden, da nur das festere der beiden Seile unter Beanspruchung in Aktion tritt.

Aufwickeln von Seilwerk:
Das Aufwickeln stellt sicher, daß das Seil im Bedarfsfall sofort zur Hand und einsatzbereit ist.

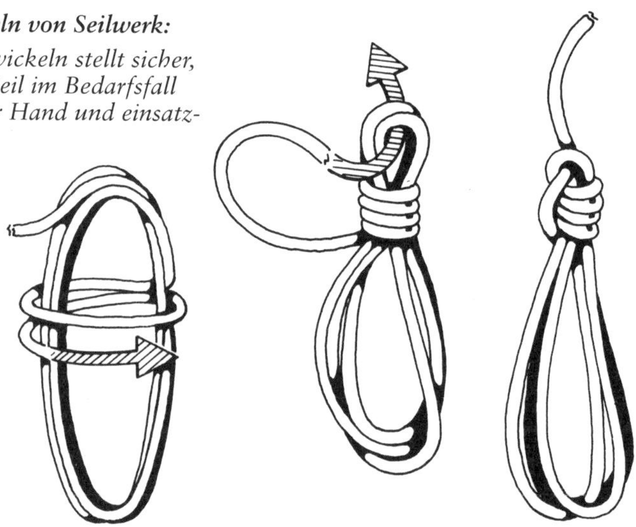

Wahl der Knoten

Bei der Wahl eines Knoten ist die relative Knotenstärke der ausschlaggebende Faktor. Dies gilt vor allem für Bergsteiger und Kletterer; doch auch Wassersportler sollten diesen Aspekt berücksichtigen. Weitere wichtige Faktoren sind Knüpfgeschwindigkeit und -leichtigkeit sowie Größe und Verläßlichkeit des fertigen Knotens.

Kletterknoten haben in der Regel einen beachtlichen Umfang, da mehrere Außenwindungen die Belastung abfangen und verhindern sollen, daß das Seil unnötig geschwächt wird. Kletterer müssen ihre Knoten regelmäßig überprüfen. Dies gilt vor allem bei steifen Seilen, da es hier schwieriger ist, Knoten zu binden, als bei flexiblen Leinen, und die Knoten oft weniger sicher sind.

Angelknoten ähneln Kletterknoten, doch sind sie viel kleiner und werden in dünnen Monofilschnüren geknüpft. Auch sie erfordern Verstärkung und Absicherung durch Außenwindungen, will man den Fang und die teuere Ausrüstung nicht verlieren.

Wählen Sie für jede Aufgabe den richtigen Knoten. Denken Sie daran, daß das Verhalten der Knoten bei unterschiedlichen Belastungen verschieden ist. Einige Knoten sind bei gleichbleibender Belastung haltbar, doch sie gleiten oder lösen sich bei ruckartigen Stößen. Diese Knoten sind zwar fest, doch unzuverlässig und sollten in Situationen gemieden werden, bei denen plötzliche starke Belastungen auftreten können.

Ebenso wichtig wie das Binden ist das Lösen eines Knotens. Gewöhnlich sollte ein Knoten nach der Verwendung gelöst werden. Dies fällt leichter, wenn man von Anfang an den richtigen Knoten gewählt und ihn korrekt geknüpft hat. Durch Einsetzen einer Zugschlinge läßt sich ein Knoten leicht lösen. Der Knoten ist unverändert fest und sicher, doch er kann mit einem einzigen Ruck gelöst werden. Knoten wie der Webeleinenstek (siehe Seite 80) und der Prusikknoten (siehe Seite 100) sind wirkungsvoll und zuverlässig, lösen sich jedoch sofort, wenn sie von ihrer Unterlage entfernt werden.

Schließlich sollte man nicht vergessen, daß jede Fertigkeit Übung erfordert, und das Binden von Knoten bildet da keine Ausnahme. Man kann das Knüpfen eines bestimmten Knotens nur in einer entspannten Atmosphäre erlernen – nicht auf halbem Weg zu einem Berggipfel oder während eines Sturms auf hoher See. Üben Sie die Knoten immer wieder, bis die Bewegungen von selbst ablaufen. Ihr Leben oder das Leben anderer kann von einem Knoten abhängen. Aus diesem Grund müssen Sie in der Lage sein, die notwendigen Knoten, ohne zu zweifeln oder zu zögern, richtig zu binden – und das in jeder Lebenslage und unter widrigsten Umständen.

Zum Gebrauch dieses Buches

Die Abbildungen, die die Beschreibungen der Knoten begleiten, sind auch ohne Erklärungen verständlich. Die Pfeile zeigen die Richtungen, in die Sie das lose Ende eines Seils oder einer Schnur schieben oder ziehen sollten. Die gepunkteten Linien zeigen die Zwischenstellungen des Seils an. Beachten Sie immer die Reihenfolge der dargestellten Abläufe. Eine Änderung dieser Reihenfolge kann zu einem völlig anderen Knoten führen, der unter Umständen instabil, unzuverlässig und unsicher ist.

Seilteile

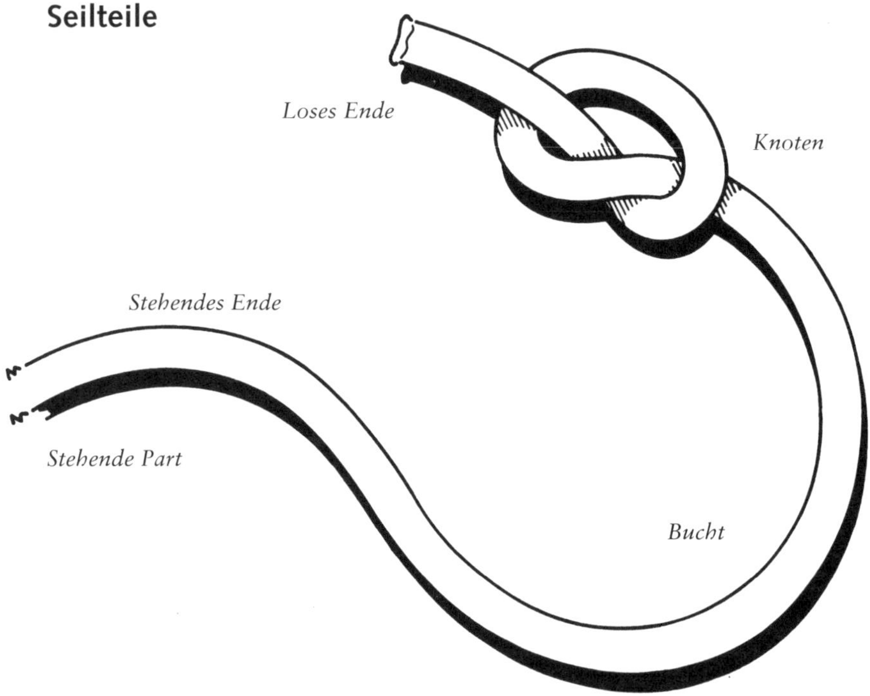

Warnung!

Reibungswärme kann Synthetikseile ohne Vorwarnung schwächen oder zerstören. Vor allem Kletterer und Bergsteiger sollten deshalb äußerste Vorsicht walten lassen, wenn sie Synthetikseile in Situationen verwenden, bei denen Reibungsschäden entstehen können. Die Folgen können verheerend sein.

Stopperknoten

Wie der Name schon sagt, werden Stopperknoten verwendet, um zu verhindern, daß die Enden eines Seils oder einer Schnur durch ein Öhr, eine Schlaufe oder ein Loch gleiten. Ebenso kann man sie zum Abbinden benützen, um das Aufdröseln eines Schnurendes zu verhindern. Vielfach finden sie auch schmückende Verwendung. Stopperknoten werden von Kletterern, Campern und Fischern eingesetzt. Auf See werden sie zum Beschweren von Leinen und am Ende laufender Takelagen geknüpft.
Der wichtigste Knoten dieser Art ist der Überhandknoten. Er ist der einfachste und vielleicht älteste den Menschen bekannte Knoten und bildet die Grundlage für zahlreiche andere. Seeleute verwenden den Achtknoten für allgemeine Zwecke und Mehrfachüberhandknoten zum Beschweren von Tauen und zur Dekoration.

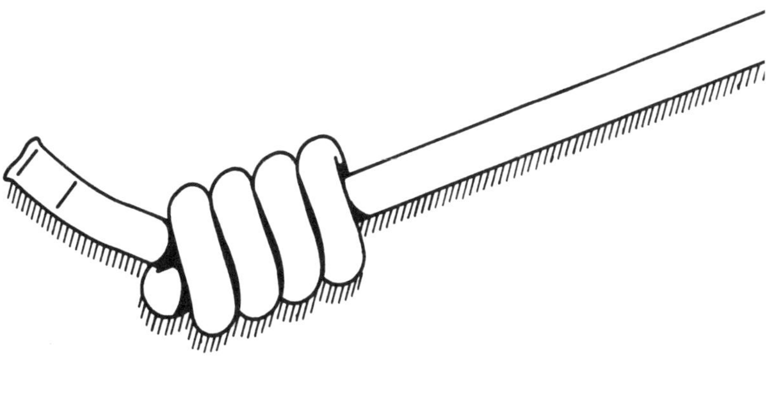

Hievleinenknoten

Überhandknoten

Dieser Knoten, der auch als Daumenknoten bekannt ist, bildet die Grundlage für viele andere. Er wird als Stopperknoten verwendet und in regelmäßigen Abständen in Rettungsleinen geknüpft. Den häufigsten Gebrauch findet der Überhandknoten vermutlich beim Nähen, wo er den Faden daran hindert, durch das Nadelöhr zu gleiten. Bei Seeleuten ist er nicht beliebt, da er in nassem Zustand schwer zu lösen ist. Das gleiche gilt auch bei einer dünnen Schnur.

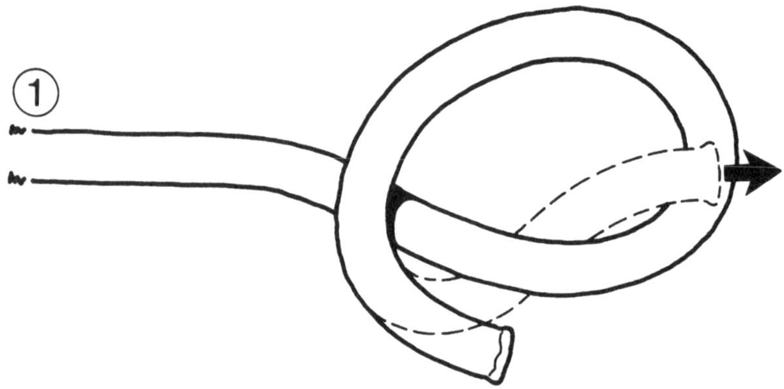

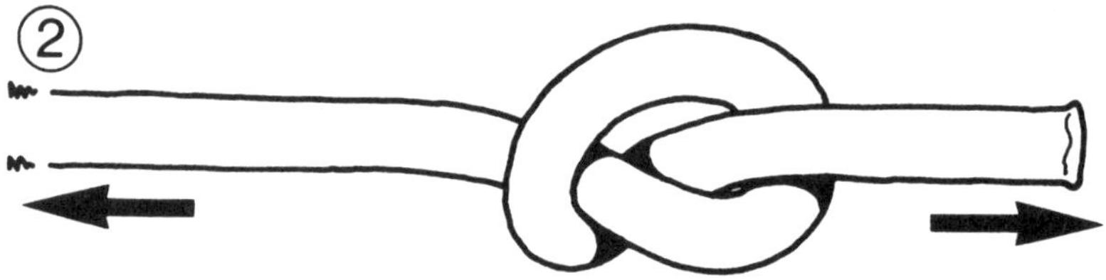

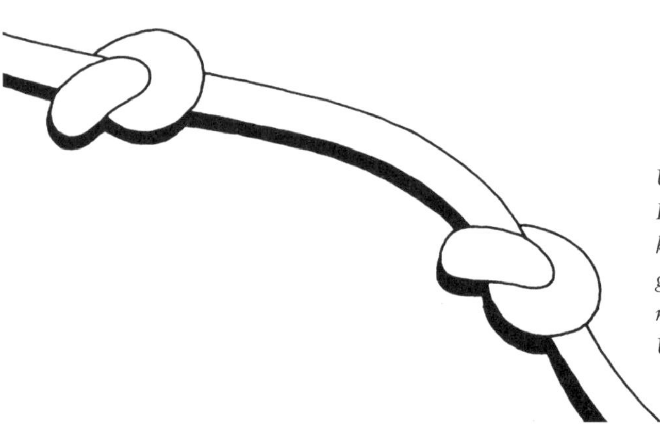

Um das Ergreifen einer Leine zu erleichtern, kann man auf ihrer ganzen Länge in regelmäßigen Abständen Überhandknoten binden.

Achtknoten

Der Name des Knotens leitet sich von seiner charakteristischen Form ab. Er ist der wichtigste Stopperknoten für Seeleute und wird bei laufender Takelage verwendet. (Der Achtknoten wird auch Flämischer oder Savoyer Knoten genannt.)
Der Knoten wird am Ende eines Seils geknüpft, wobei man die obere Schlaufe um die stehende Part und die untere Schlaufe um das lose Ende legt. Aufgrund seines verschlungenen Erscheinungsbildes gilt der Achtknoten schon seit langem als Symbol zärtlicher Verbundenheit. In der Heraldik steht er für treue Liebe und erscheint auf verschiedenen Wappen – daher auch seine anderen Namen.

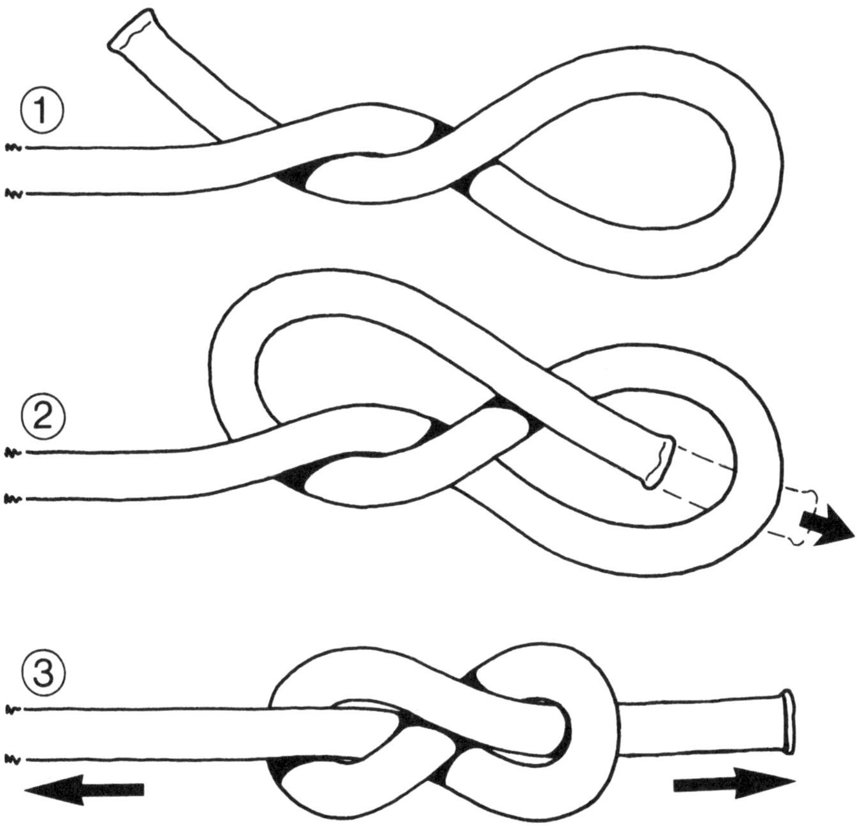

Mehrfachüberhandknoten

Dieser Knoten ist auch als Blutknoten bekannt. Diesen Namen verdankt er der Tatsache, daß er einst verwendet wurde, um die Riemenenden der »neunschwänzigen Katze« zu beschweren, mit der man früher Soldaten, Seeleute und Verbrecher auspeitschte. Auch Kapuzinermönche benutzten diesen Knoten, um die Kordeln an ihrem Habit zu beschweren und so einen geziemenden Fall ihrer Ordenstracht zu gewährleisten. Seeleute verwenden den Knoten zum Beschweren oder als Stopper bei dünnen Leinen, wenngleich der Mehrfachüberhandknoten bei Nässe schwer zu lösen ist.
Beim Binden des Knotens sollte man die Schlaufe bei der Ausbildung der Windungen offen und locker lassen und dann die beiden Enden gleichzeitig vorsichtig zusammenziehen, wobei man sie in entgegengesetzte Richtungen dreht.

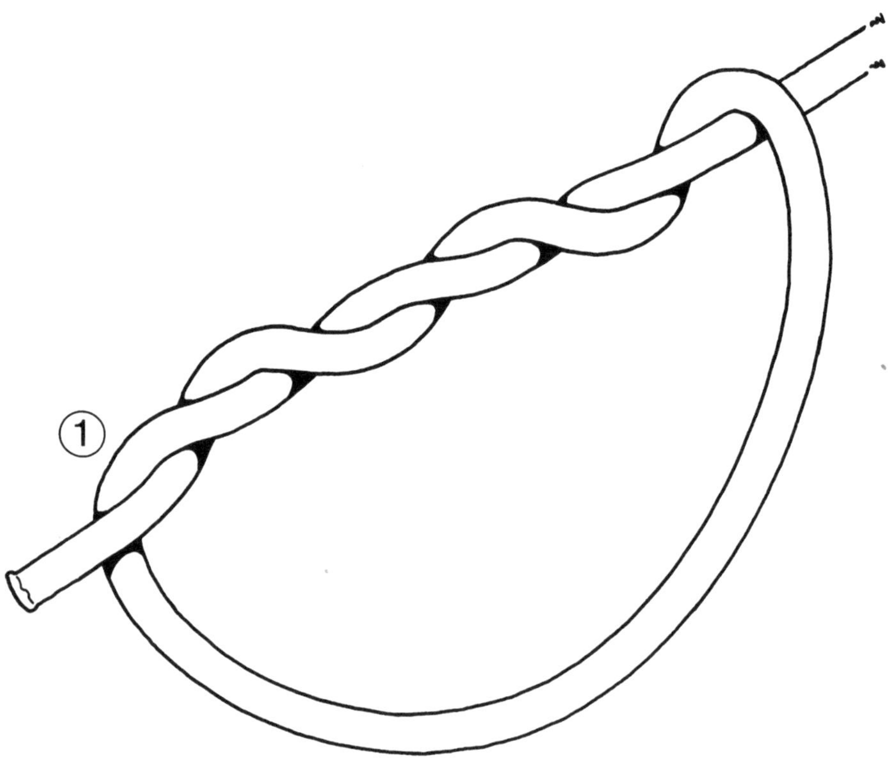

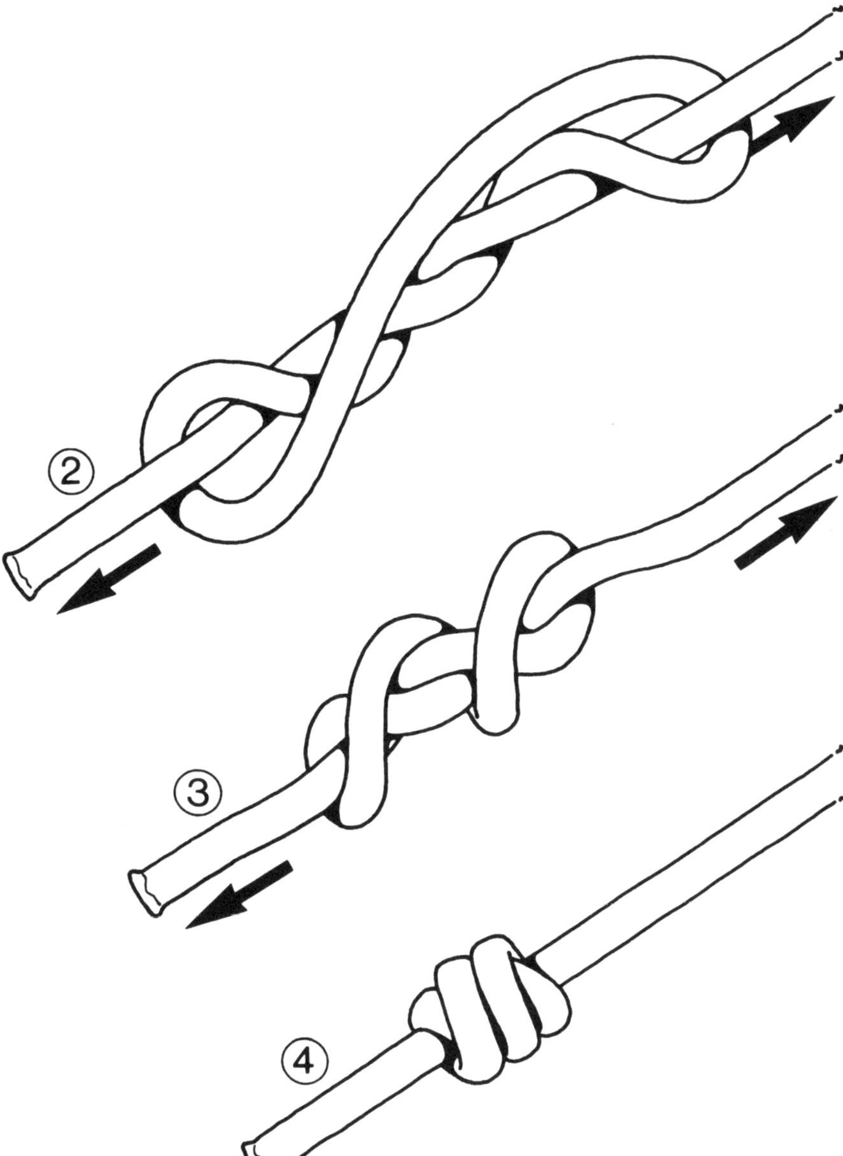
2
3
4

Hievleinenknoten

Dieser Knoten wird beim Segeln eingesetzt, wenn man ein schweres Tau von einem Boot an Land oder zu einem anderen Schiff wirft. Das schwere Tau wird an einer Hievleine befestigt. Hierbei handelt es sich um eine leichtere Leine, die zuerst zugeworfen wird, damit man dann das schwerere Tau nachziehen kann. Der Hievleinenknoten wird am Ende dieser leichteren Leine geknüpft, um ihr mehr Gewicht zu verleihen und das Werfen zu erleichtern. Hievleinen haben meist einen Durchmesser von 1,3 bis 1,9 cm und sind bis zu 25 m lang. Sie sollten schwimmen, biegsam sein und dem Gewicht eines Erwachsenen standhalten.
Die anderen Namen des Knotens – Franziskanerknoten, Mönchsknoten – resultieren daraus, daß die Franziskanermönche ihn zum Beschweren ihrer Kordelgürtel benützten.

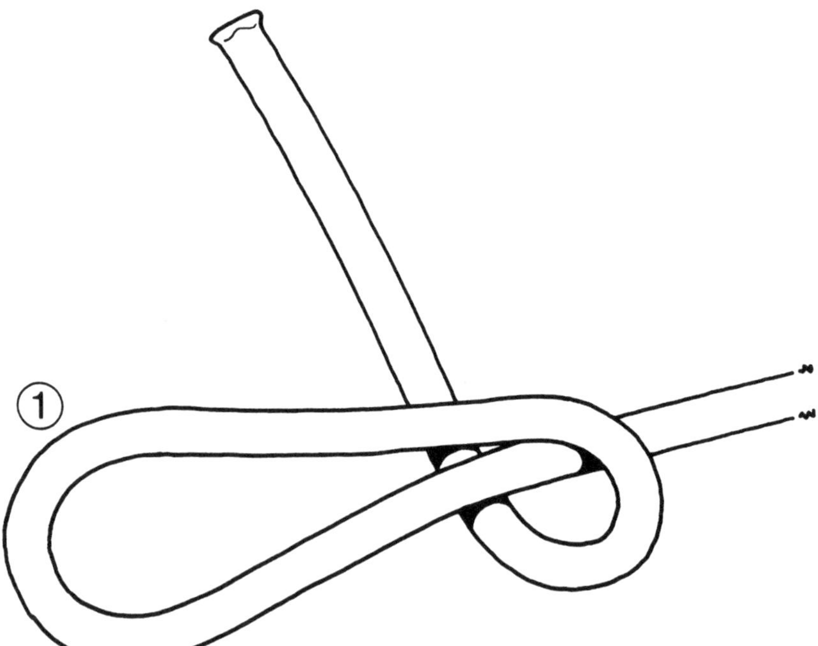

2
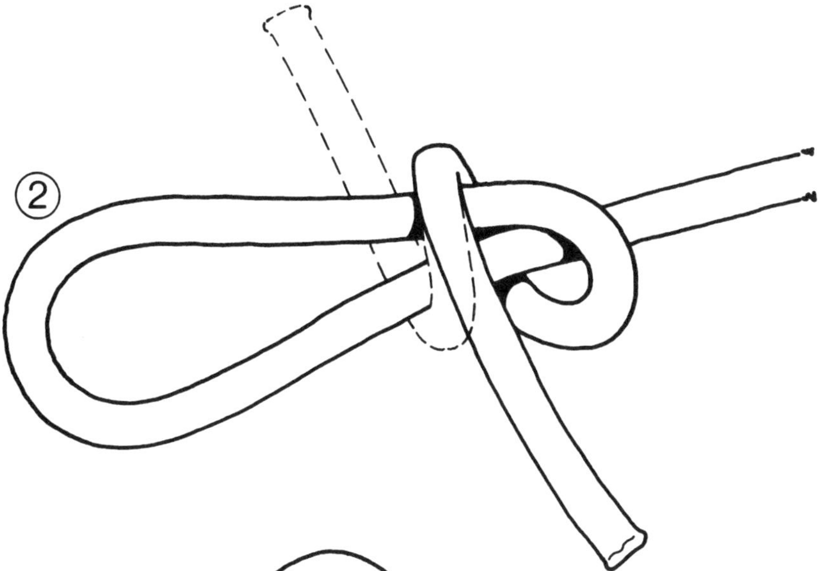

3
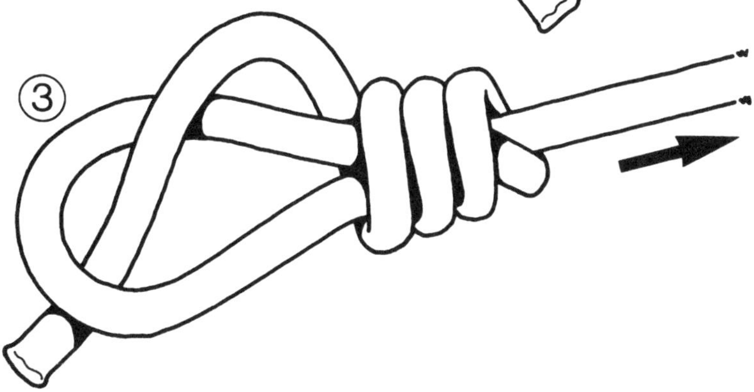

4

Überhandschlaufe

Dieser Knoten ist hilfreich, wenn ein etwas dickerer Stopper gefragt ist. Wenngleich er schwer zu lösen ist, verwenden ihn die meisten Leute automatisch, um ein Schnurende zu verknoten, das nicht mehr gelöst werden muß.

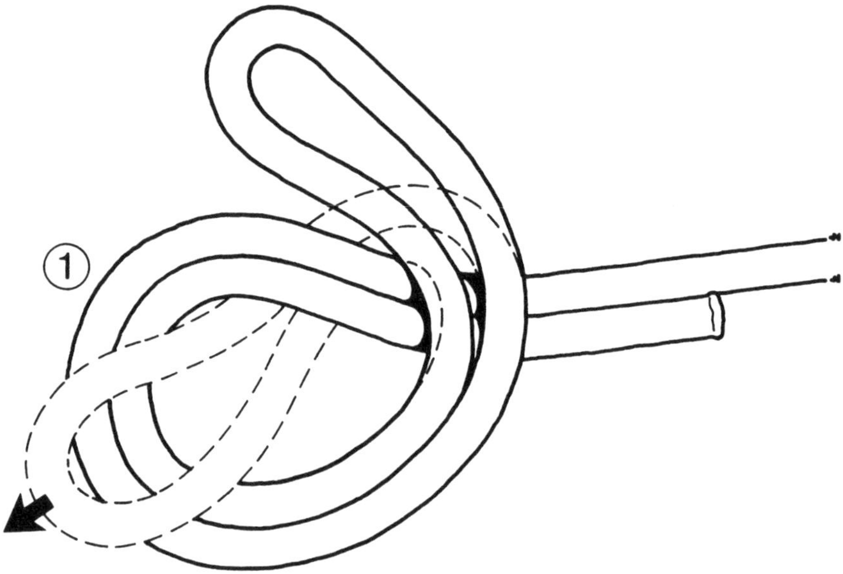

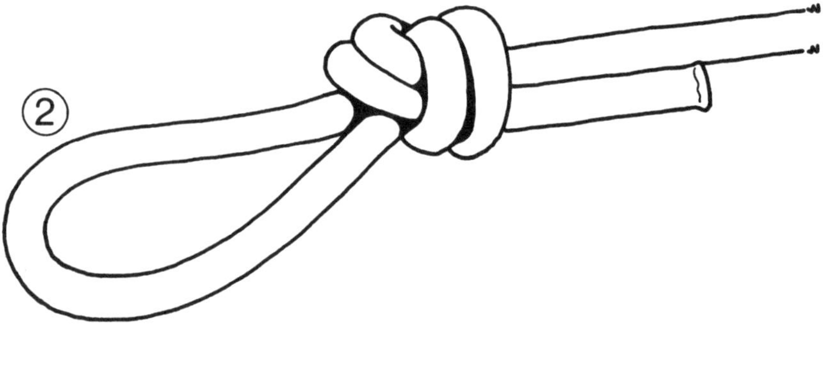

Schlingen

Schlingen werden dazu verwendet, um zwei Seilstücke an ihren Enden zu einem größeren Seil zu verknüpfen. Für die Sicherheit der Schlingen ist es wichtig, daß die so verbundenen Seilstücke in Art und Durchmesser übereinstimmen. Der Schotstek (siehe Seite 28) bildet eine Ausnahme dieser Regel. Er ist auch dann sicher, wenn er zwei Seile mit unterschiedlichem Durchmesser verbindet.

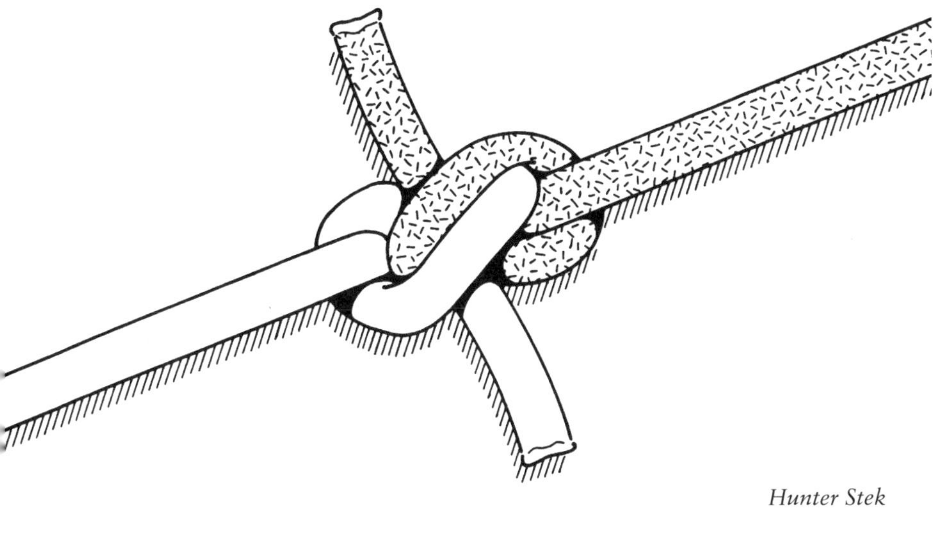

Hunter Stek

Reffknoten

Der Reff- oder Rechteckknoten war bereits in der Steinzeit bekannt und wurde auch von den alten Griechen und Römern benutzt. Der Name stammt von seiner nautischen Verwendung zur Verknüpfung zweier Seilenden beim Segelreffen. Für viele Leute ist dies der einzige Knoten, den sie neben dem Altweiberknoten kennen. Wenn die Enden nur teilweise durch den Knoten gezogen werden und somit Schlaufen entstehen, handelt es sich um einen doppelten Reffknoten, der oft zum Binden von Schnürsenkeln verwendet wird.

Der Reffknoten ist keine sichere Verknüpfungsmethode und sollte nicht als solche verwendet werden, vor allem dann nicht, wenn die Seilstücke einen unterschiedlichen Durchmesser haben. Seine eigentliche Funktion besteht darin, die Enden gleichartiger Seile oder Schnüre zu verbinden. Er sollte nur als vorläufige Verbindung gleicher Leinen mit identischem Gewicht und Durchmesser eingesetzt werden, wenn diese nicht unter Belastung stehen. Wenn die Schnüre belastet werden, sollte man Stopperknoten in die kurzen Enden binden.

Der Knoten besteht aus zwei Halbknoten. Der erste Halbknoten beginnt links über rechts, der zweite folgt rechts über links, und die beiden kurzen Enden erscheinen auf der gleichen Seite. Wenn der Knoten flach ist, die kurzen Enden aber nicht auf der gleichen Seite sind, handelt es sich um eines Diebsknoten. Ist der Knoten erhaben und ungleichmäßig, haben wir es mit einem Altweiberknoten zu tun. Da beide in ihrer Funktion unsicher sind, sollten diese Knoten vermieden werden.

①

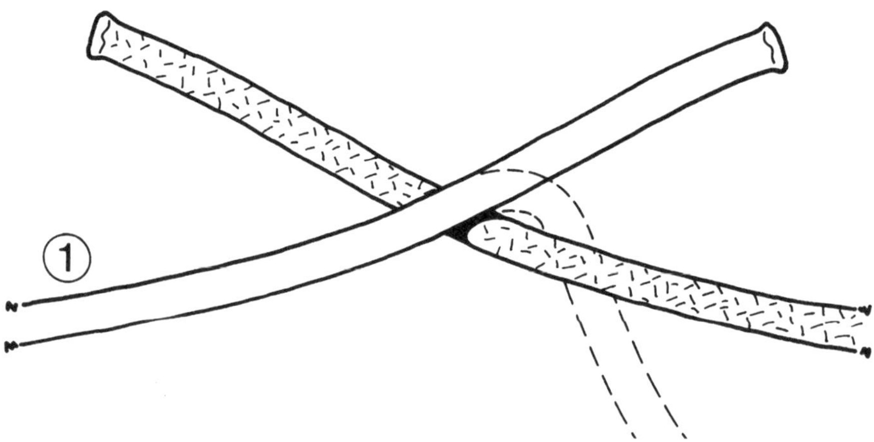

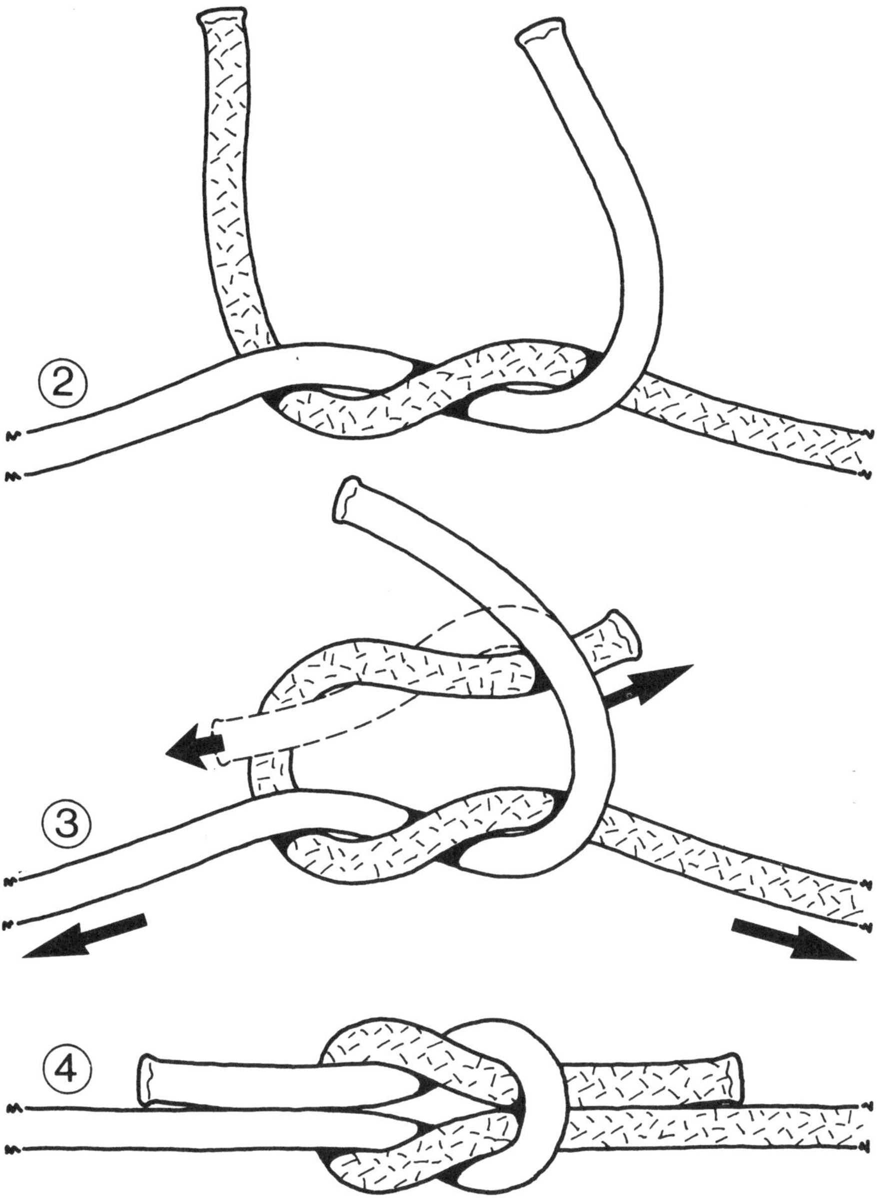
②
③
④

Umgeschlagener Reffknoten

Ein fester Zug an einem Ende läßt den Reffknoten schnell umschlagen. Diese Art des Knotens, der auch als umgeschlagener Reff- oder umgeschlagener Rechteckknoten bekannt ist, kann leicht geschlippt werden. Dadurch ist er für Seeleute beim Segelreffen sehr nützlich; doch es bedeutet auch, daß der Knoten instabil ist und sich löst, wenn ein Ende Zug oder Belastung unterworfen ist. Umgeschlagene Reffknoten haben schon manchmal zu Unfällen geführt, somit sollte der Knoten nur für geeignete Zwecke verwendet werden.

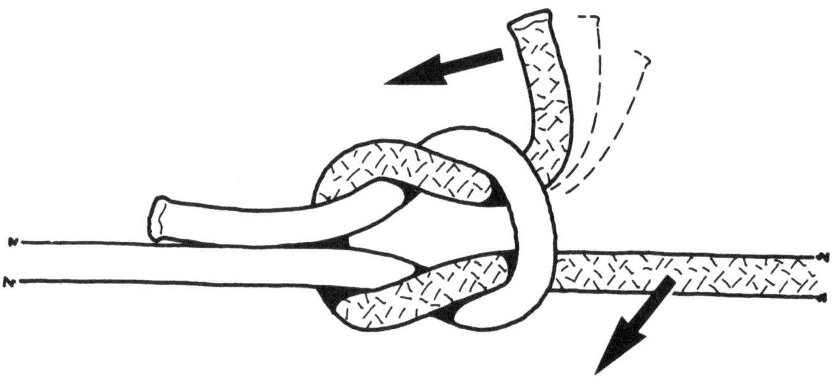

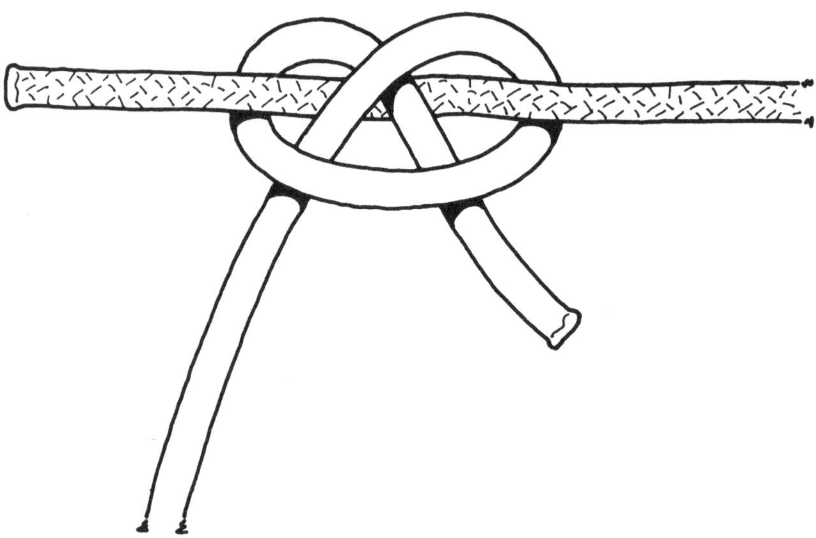

Diebsknoten

Der Diebsknoten sieht dem Reffknoten sehr ähnlich. Es heißt, daß Walfänger ihn zum Verschließen ihrer Kleidertaschen verwendeten. Diebe, die den Inhalt beäugten, verknoteten die Tasche mit einem Reffknoten und verrieten dem Seemann auf diese Weise, daß seine Habe durchsucht worden war. Der Diebsknoten unterscheidet sich vom Reffknoten durch die Knüpfweise. Beim fertigen Knoten liegen sich die kurzen Enden gegenüber.

1

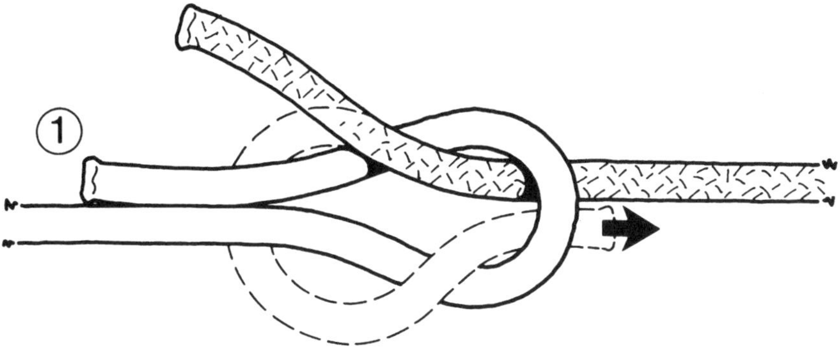

2

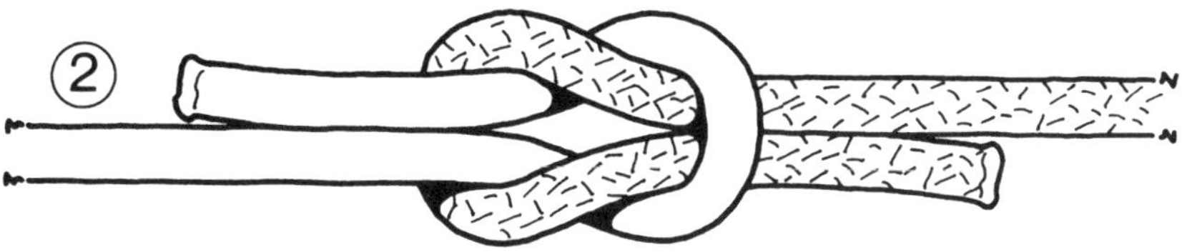

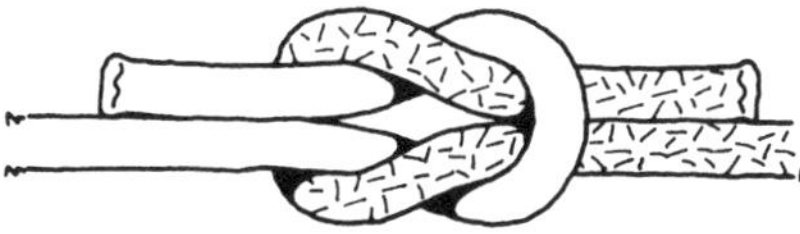

Reffknoten

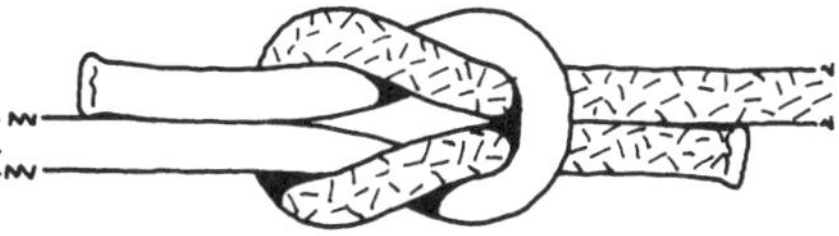

Diebsknoten

Schotstek

Der Schotstek ist vermutlich der gebräuchlichste Stek und verbindet – im Gegensatz zu den meisten anderen Schlingen – auch zwei Seile unterschiedlicher Stärke sicher miteinander. Er ist jedoch nicht absolut zuverlässig und sollte unter keinen Umständen einer starken Belastung ausgesetzt werden. Seine Reißfestigkeit verringert sich proportional zum Unterschied des Durchmessers der verknüpften Seile.

Der Schotstek (auch Gemeiner Stek oder Flaggenstek genannt) ist bereits auf alten ägyptischen Gemälden zu sehen. In schriftlichen Aufzeichnungen findet man seine heutige Bezeichnung allerdings erst im Jahre 1794. Der Name stammt von der Art, wie der Knoten bei Segelschiffen zum Befestigen der Seile (Schoten genannt) an den Segeln eingesetzt wurde. Den anderen Namen verdankt dieser Stek seiner herkömmlichen Verwendung bei der Befestigung der Fahnenecken am Seil, wenn die Flagge gehißt oder niedergeholt wurde. Man kann den Schotstek auch dazu benutzen, um ein Seil an einem Gegenstand mit einem offenen Griff (wie etwa einem Spaten) zu fixieren, indem man das Seil durch die Öffnung führt und unter sich selbst einschließt. Der Schotstek läßt sich schnell binden und lösen, indem man die um die Einzelleine liegende Bucht nach vorne rollt. Er gehört zu den grundlegenden Knoten, die ein Segler kennen sollte.

Ein geschlippter Schotstek entsteht, indem eine Bucht zwischen der Schlaufe des schwereren und der stehenden Part des leichteren Seils ausgebildet wird. Der geschlippte Knoten löst sich bei Seilbelastung leichter.

Wenn der Knoten mit den kurzen Enden auf gegenüberliegenden Seiten geknüpft wird, entsteht ein linker Schotstek. Dieser Knoten sollte aufgrund mangelnder Zuverlässigkeit vermieden werden.

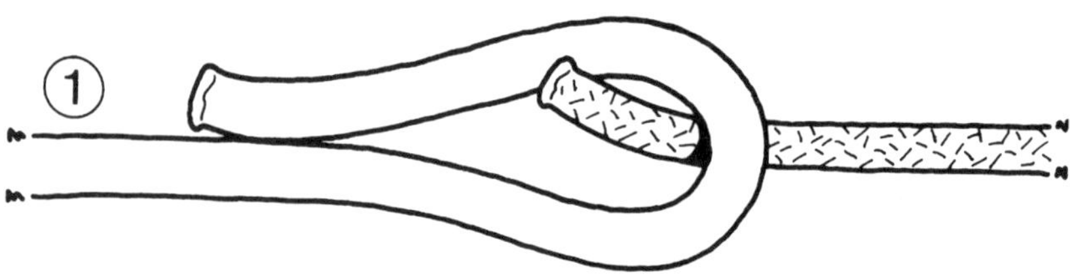

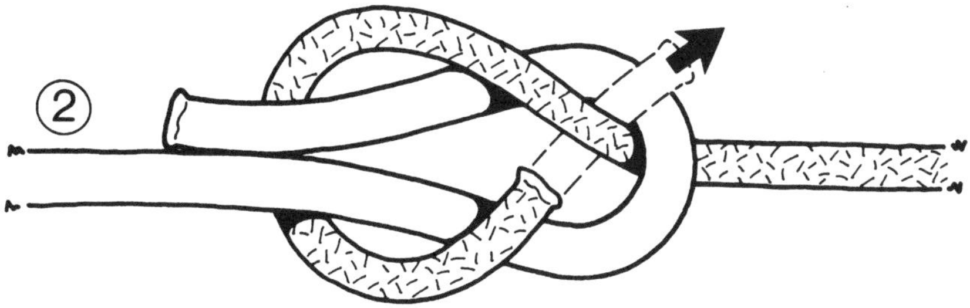

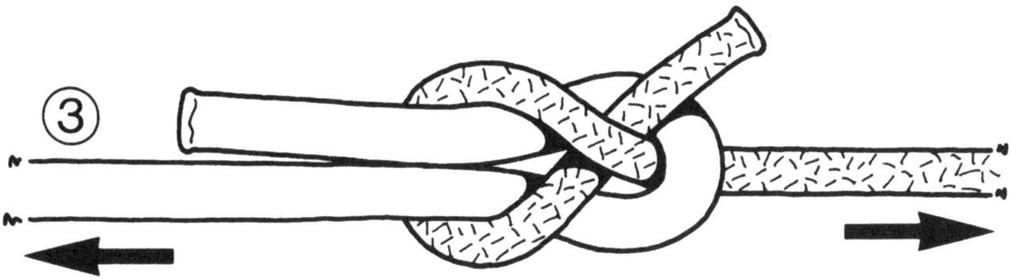

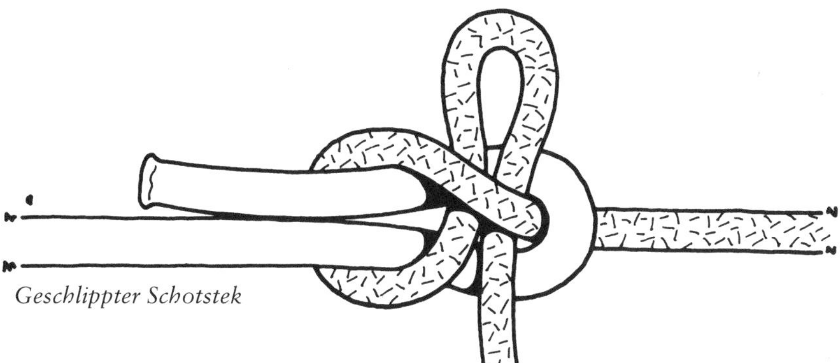

Geschlippter Schotstek

Spierenstich

Dieser Knoten ist angeblich im 19. Jahrhundert erfunden worden, wenngleich einige Fachleute der Meinung sind, daß er schon von den alten Griechen angewendet wurde. Er ist allgemein als Spierenstich bekannt, hat aber im Laufe der Jahre noch viele andere Namen bekommen (Angelknoten, Englischer Knoten, Englischer Stek, Heilbuttknoten, Treueknoten, Wassermannknoten). Der Spierenstich besteht aus zwei sich bekneifenden Überhandknoten. Die kurzen Enden liegen sich gegenüber und verlaufen fast parallel zur nächstliegenden stehenden Part. Nach der Verwendung können die beiden Teilknoten im allgemeinen leicht gelöst werden.
Der Spierenstich sollte zur Verknüpfung von zwei Seilen gleicher Stärke verwendet werden und eignet sich nicht für Seile mit mittlerem oder großem Durchmesser. Aus diesem Grund wird er von Seglern nur selten eingesetzt. Für Fäden, Schnüre, Zwirn und ähnliches ist er jedoch gut geeignet. Angler verwenden ihn gern zum Verknüpfen ihrer Schnüre. Unter großer Belastung ist der Knoten nicht so haltbar wie die Leine selbst.
Anmerkung: Der Spierenstich und der Fischerstek sind völlig unterschiedlich und dürfen nicht verwechselt werden.

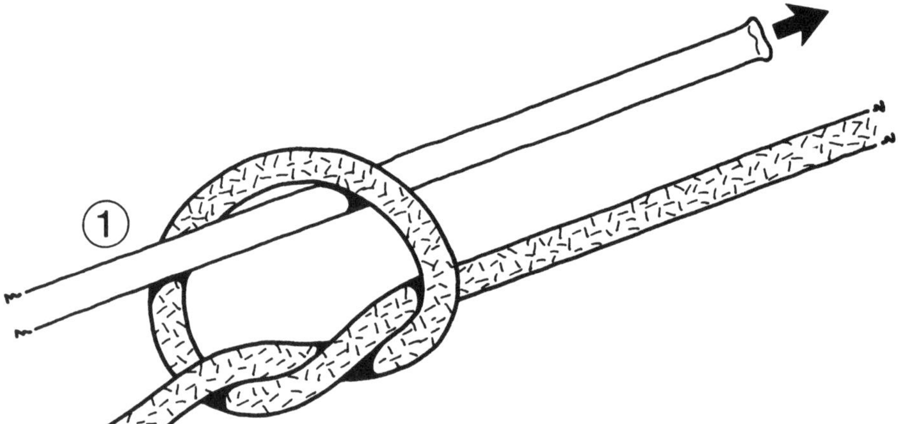

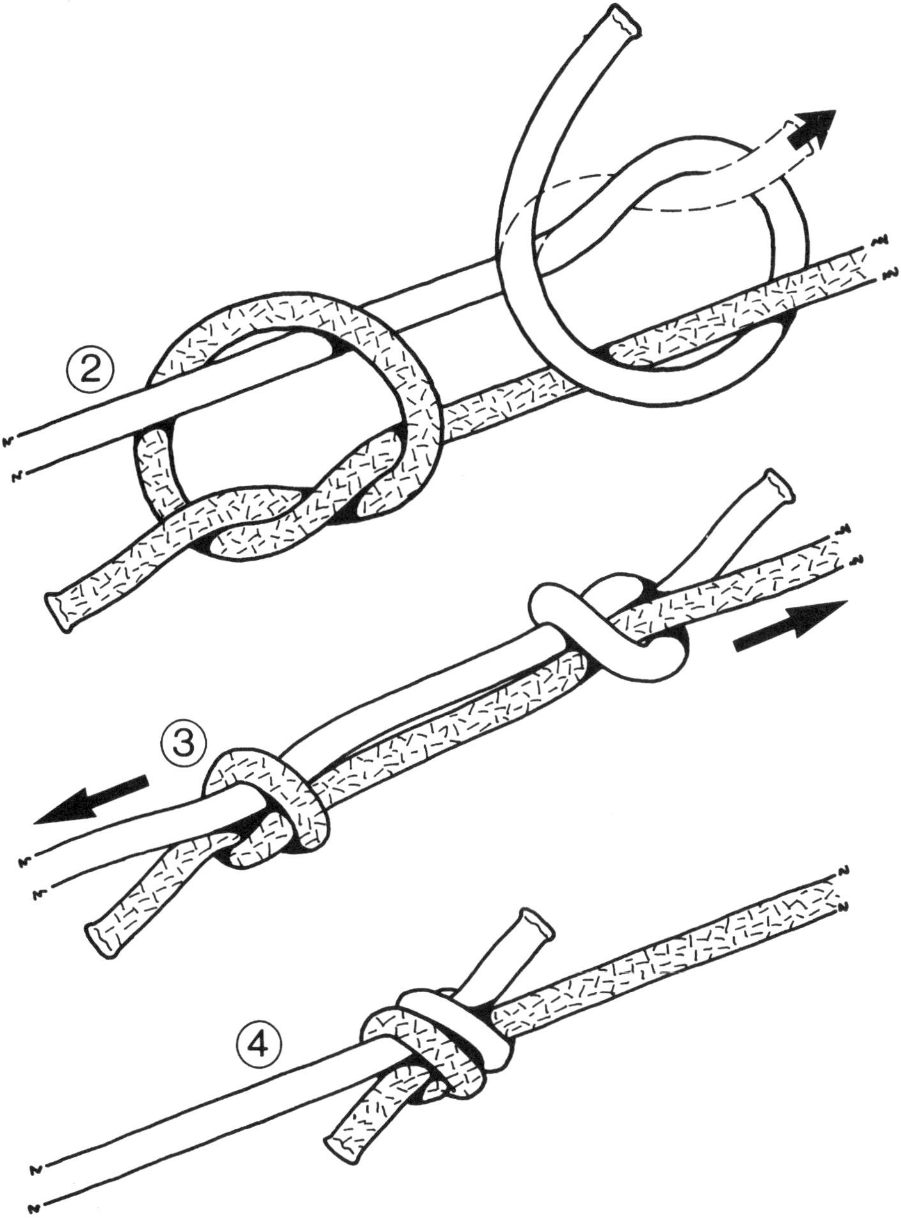
②
③
④

Doppelter Spierenstich

Dieser ungewöhnlich starke Knoten wird häufig von Anglern beim Befestigen der Schnüre eingesetzt. Auch von Kletterern und zum Verbinden dünner Leinen verwendet man ihn gern. Campern dient er zur Befestigung von Spannschnüren sowie zum Verknüpfen von Schnüren, um etwas zu verschließen oder Gegenstände aufzuhängen. Der doppelte Spierenstich ist ziemlich groß und eignet sich nur für dünne Leinen und Schnüre. Kletterer versehen seine Enden oft mit einem Klebeband oder einem Bändsel, um zu verhindern, daß er sich am Fels verhakt oder langsam löst. Er trägt auch den Namen Weinstockknoten.

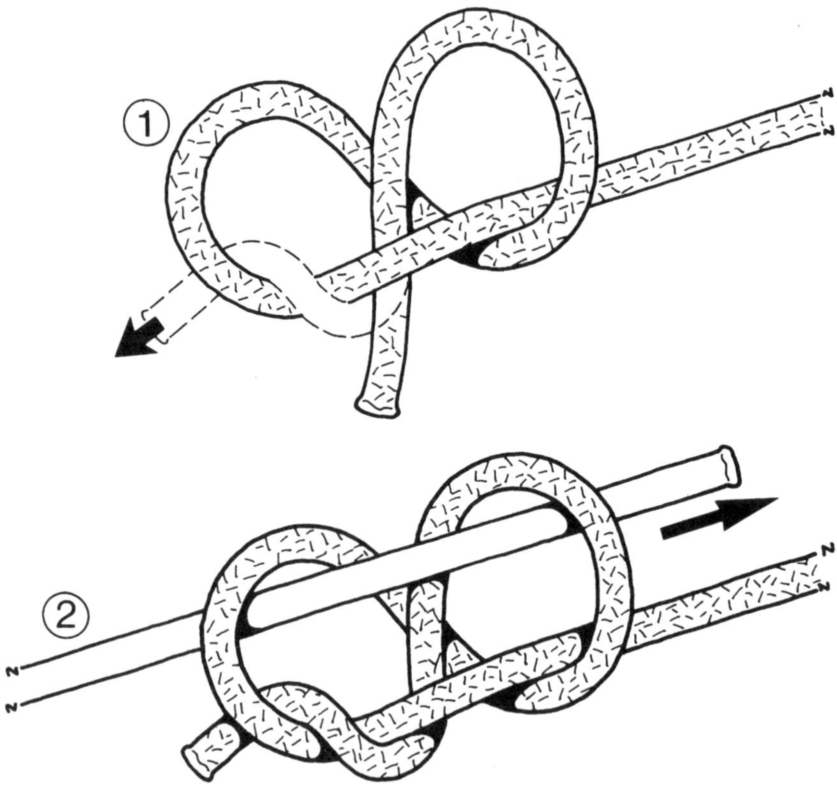

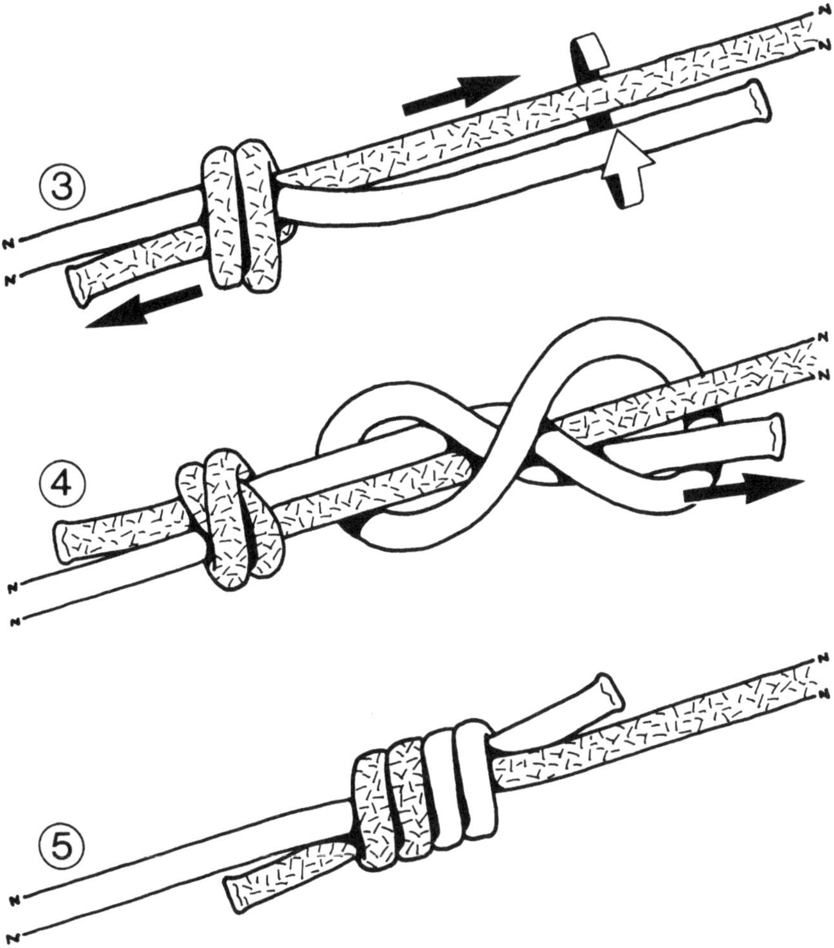

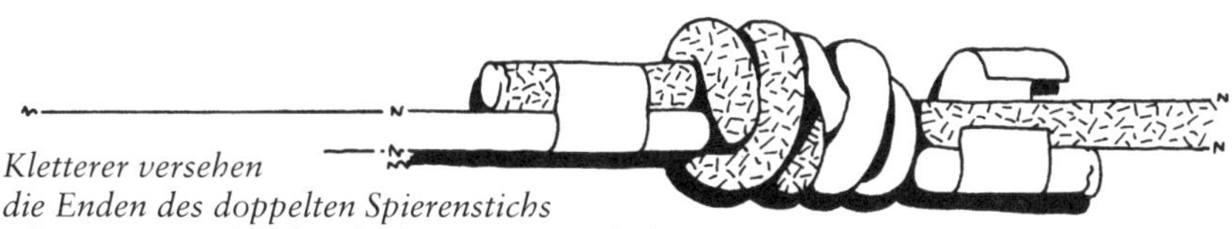

Kletterer versehen die Enden des doppelten Spierenstichs oft mit einem Klebeband oder einem Bändsel, um zu verhindern, daß er sich am Fels verhakt.

Kreuzknoten

Der Knoten wird aus zwei sich kreuzenden Überhandknoten gebildet. Es handelt sich um einen sehr stabilen Knoten, der nicht schlippt. Er eignet sich zum Verbinden von zwei Seilen ähnlicher Stärke. Er kann für Seile mit einem großen Durchmesser, wie Kabel- und Warptaue, verwendet werden. Beim Klettern wird der Kreuzknoten zum Verknüpfen dicker Seile eingesetzt. Wenngleich sein angelsächsischer Name Carrick Bend auf ein mittelalterliches westeuropäisches Schiff namens »Carrack« zurückgeht, wird der Kreuzknoten heute auf See kaum mehr verwendet, da er bei Nässe oder nach starker Belastung nur schwer zu lösen ist. Seine anderen Namen (Cowboy-, Spalt- oder Warpknoten) zeigen die Bandbreite seiner Benutzer, die vom Kuhhirten bis zum Textilhersteller reicht.
Die flache Form des Kreuzknotens wird wegen ihrer Symmetrie geschätzt. Er kann zum Verschlingen von Schals und Gürteln verwendet werden und wird auch von Grafikdesignern gern benutzt. Wenn man den Knoten nach oben zieht, schlägt er in eine völlig andere Form um. Der entstehende Knoten ist immer noch fest, doch er eignet sich weniger für Bergsteiger, da er aufgrund seines Umfangs nicht mehr durch Karabiner paßt.

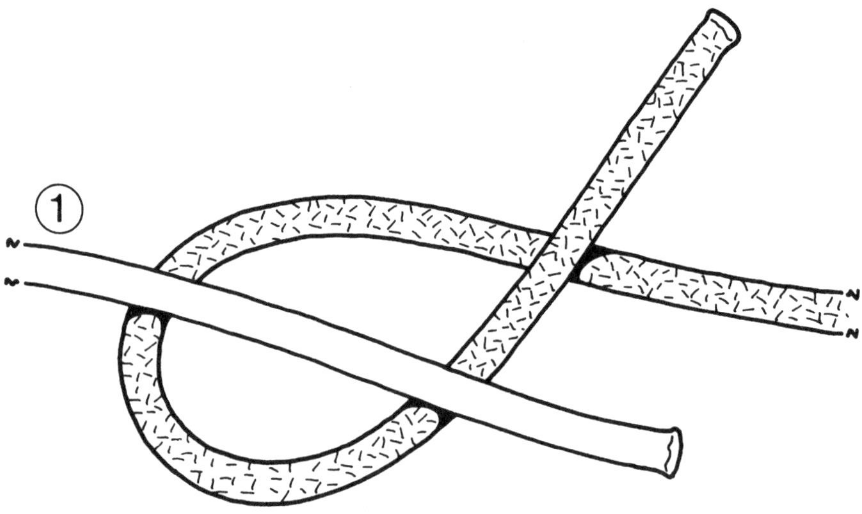

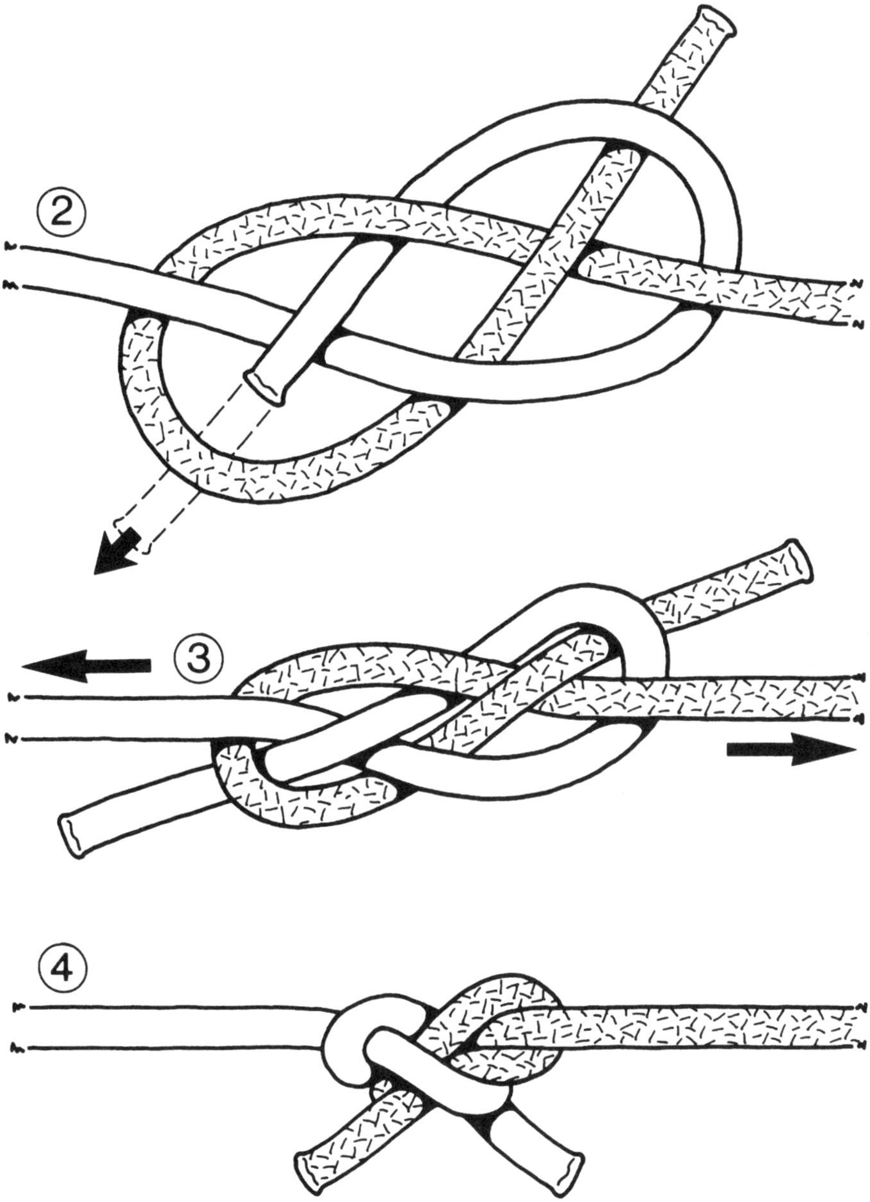
2
3
4

Hunter Stek

Der Hunter Stek oder Riggerstek basiert auf zwei Überhandknoten. Er ist stabil, greift gut und ist stärker als der Fischerstek, der Schotstek oder der Reffknoten. Was die Stärke angeht, ist er dem Blutknoten unterlegen, kann aber leicht gelöst werden.
Der Knoten ist nach Dr. Edward Hunter benannt, einem Arzt im Ruhestand, der ihn 1968 erfunden haben soll. Spätere Nachforschungen ergaben jedoch, daß der gleiche Knoten bereits 20 Jahre vorher von Phil D. Smith in einer amerikanischen Veröffentlichung mit dem Titel »Knoten für Bergsteiger« beschrieben worden war. Smith hatte den Knoten entwickelt, als er im Hafen von San Francisco arbeitete, und nannte ihn Riggerstek. Ungeachtet seines Erfinders ist der Hunter Stek oder Riggerstek ein guter Mehrzweckknoten mit vielen nützlichen Eigenschaften.

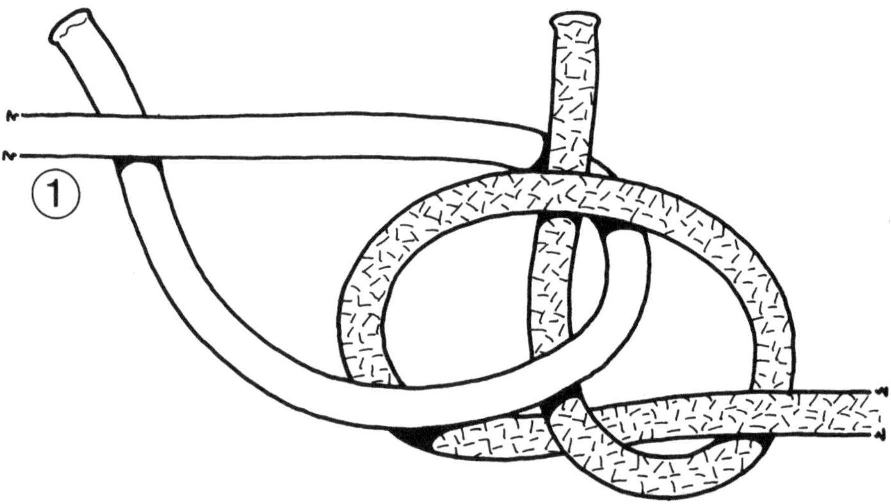

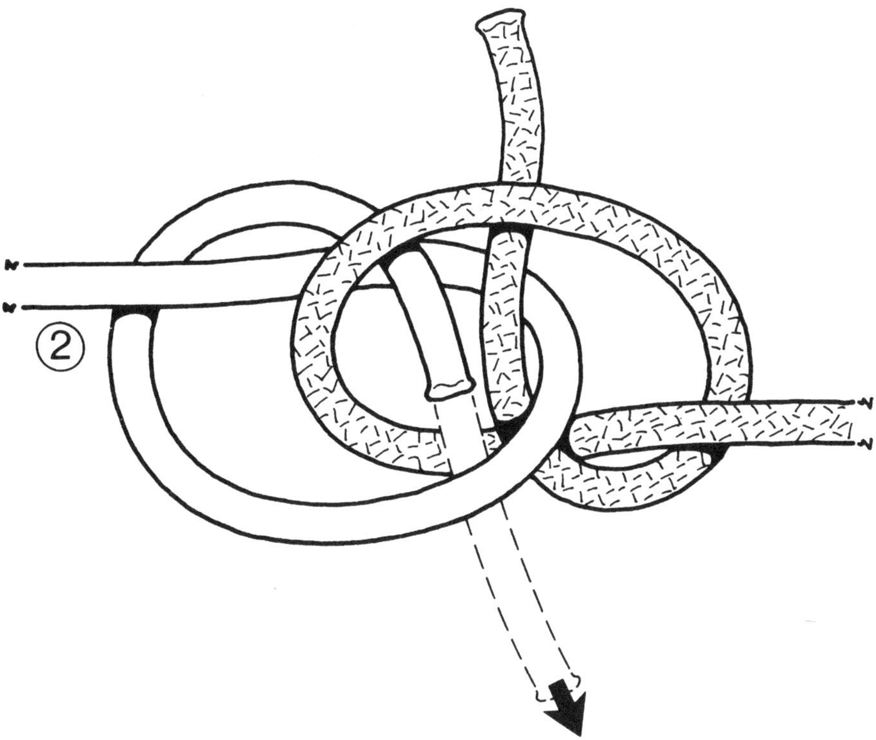

②

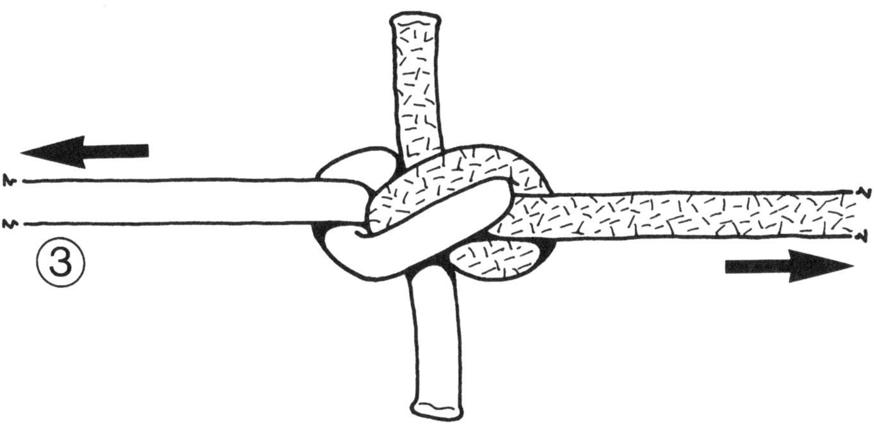

③

Chirurgenknoten

Wie der Name schon sagt, wird dieser Knoten von Chirurgen beim Verschließen von Wunden oder Blutgefäßen benutzt. Er scheint seit dem Zweiten Weltkrieg in Verwendung zu sein. Der Knoten ist flacher und weniger voluminös als andere von Chirurgen benutzte Knoten, wie etwa Kreuz- und Reffknoten, die häufig sichtbare Narben hinterlassen. Der Chirurgenknoten greift gut. Er dreht sich beim Festziehen, und das Diagonalteil umwickelt den Knoten.

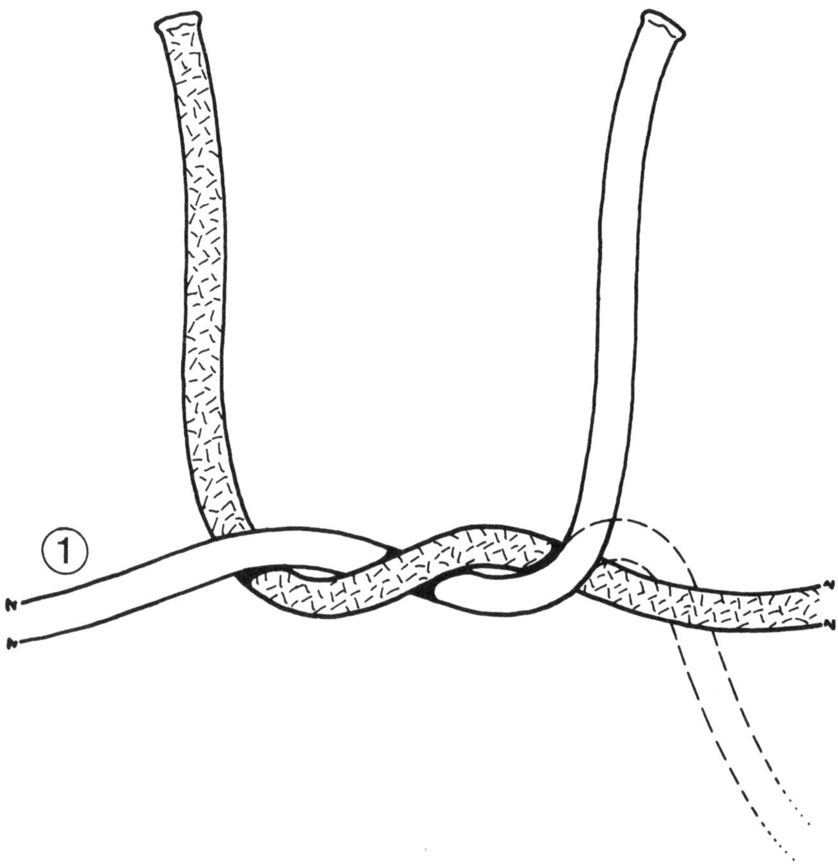

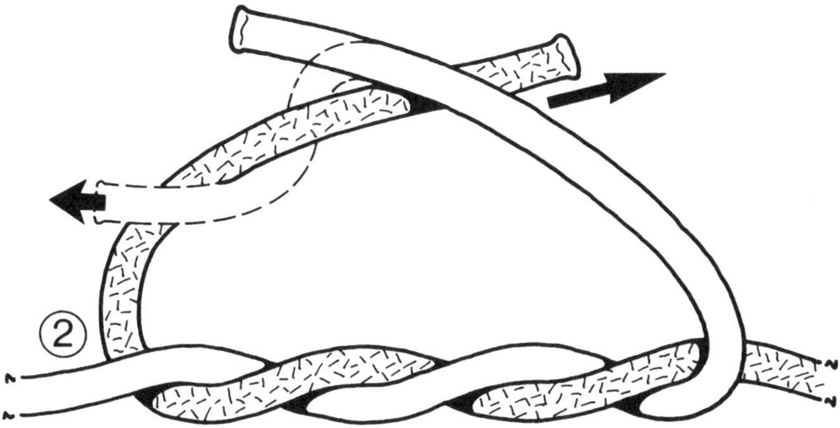
②

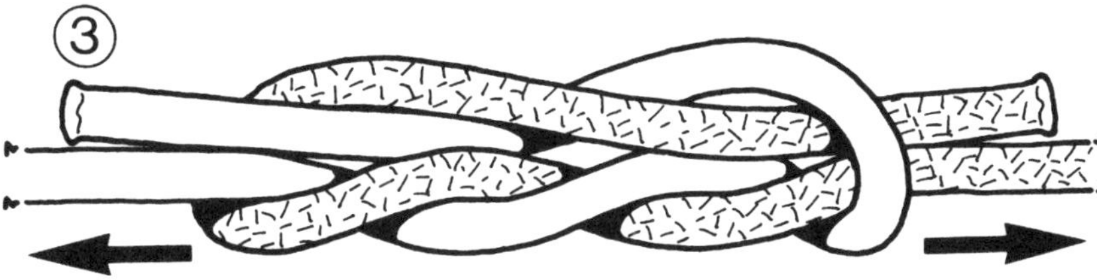
③

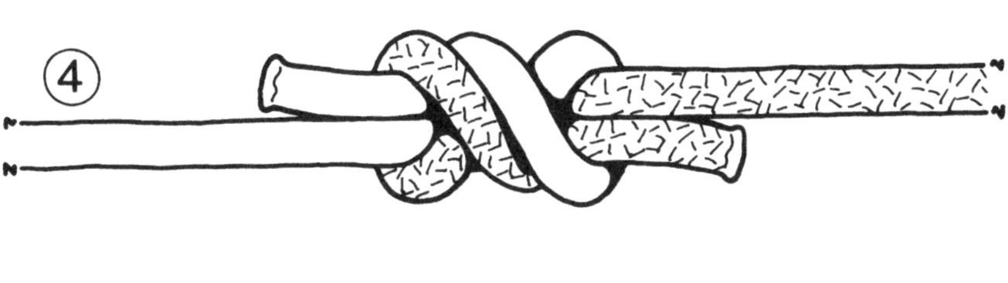
④

Achtstek

Dieser einfache Knoten (auch Flämischer Stek bzw. Knoten genannt) entsteht, indem man an einem Ende des Seils einen Achtknoten bindet und das lose Ende herumführt. Trotz seiner Einfachheit gehört er zu den stärksten Steken und hält bei Schnüren und Seilen gleichermaßen gut.

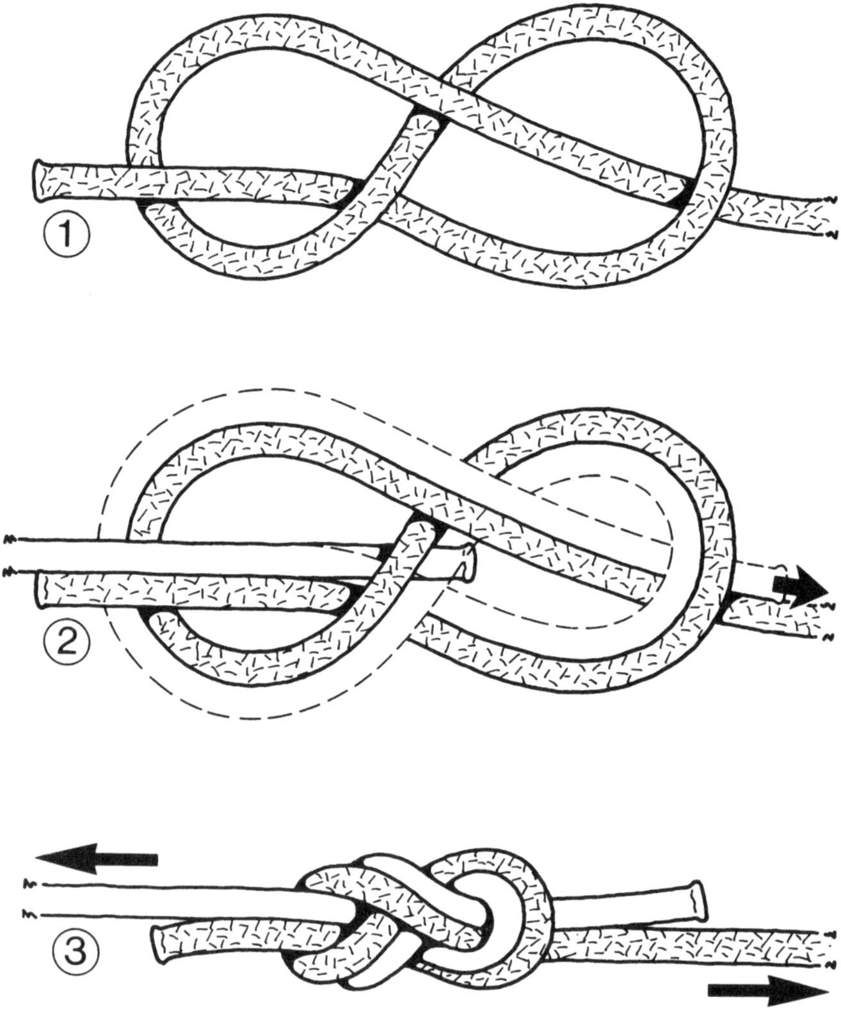

Schlaufen

Knoten, die an einem Seilende gebunden werden, indem man das Seil durch ein Auge oder eine Schleife zurückfaltet und dann mit seiner eigenen stehenden Part verknüpft, werden Schlaufen genannt. Sie sind fest und gleiten nicht. Im Gegensatz zu Schlingen, die um einen Gegenstand gebildet werden und dessen Form nachvollziehen, werden Schlaufen in der Hand geformt und dann über einen Gegenstand gestülpt. Schlaufen werden gern von Campern, Kletterern und Fischern verwendet. Besonders für Segler sind diese Knoten – vor allem der Palstek – unersetzlich.

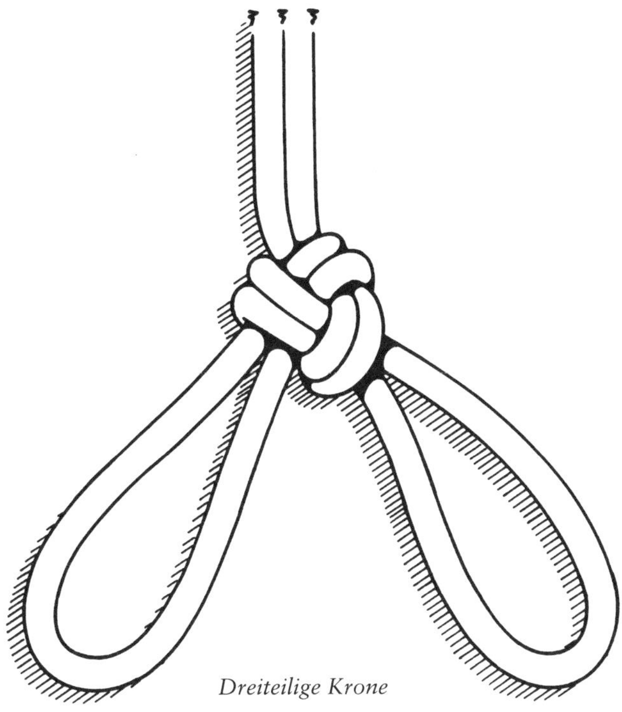

Dreiteilige Krone

Achtschlaufe

Dieser Knoten ist selbst bei einem steifen Seil verhältnismäßig einfach zu binden und haltbar. Er ist vielseitig einsetzbar und wird von Kletterern häufig dazu verwendet, um ein Seil an einem Karabiner zu befestigen. Das typische Erscheinungsbild der Achtschlaufe erleichtert dem Führer der Gruppe die Überprüfung. Die Nachteile dieser Schlaufe – sie ist kaum zu verändern und nach Belastung nur schwer zu lösen – werden im allgemeinen durch die Vorteile aufgewogen. Die Achtschlaufe ist auch als Acht mit Bucht bekannt.

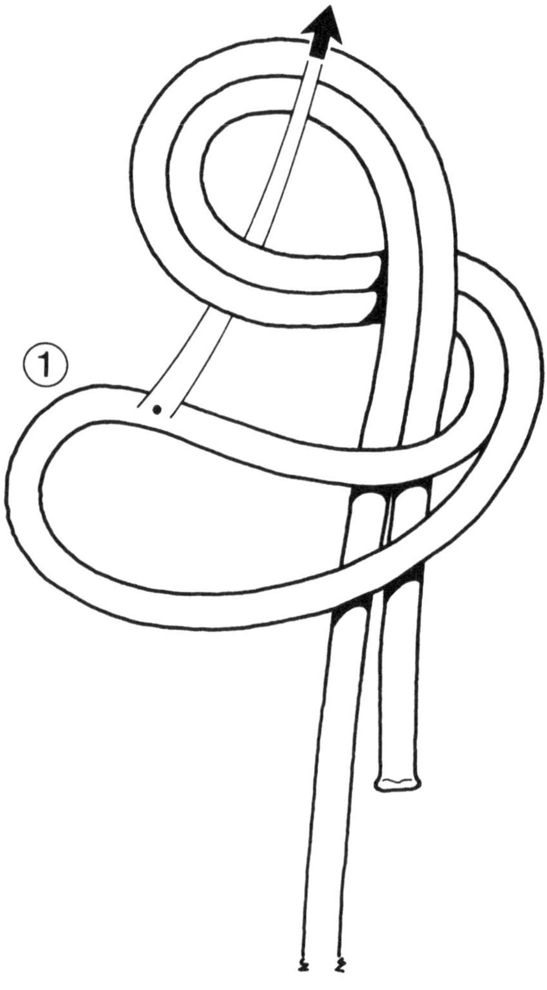

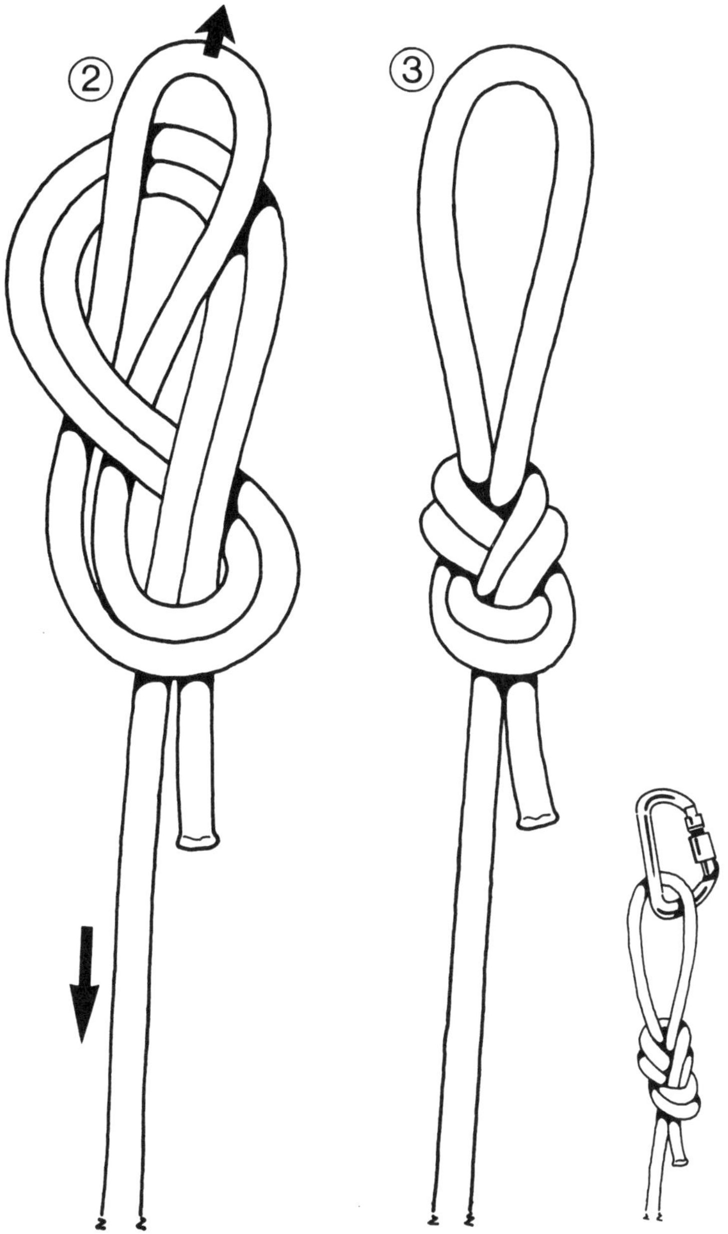
②
③

Gesteckte Achtschlaufe

Diese abgewandelte Achtschlaufe wird von Kletterern häufig zum Einbinden ins Seil oder zum Anseilen von Nicht-Kletterern in der Gruppe verwendet. Man sollte noch einen Stopperknoten hinzufügen, wenn man die gesteckte Achtschlaufe zur Seilverknüpfung benutzt.

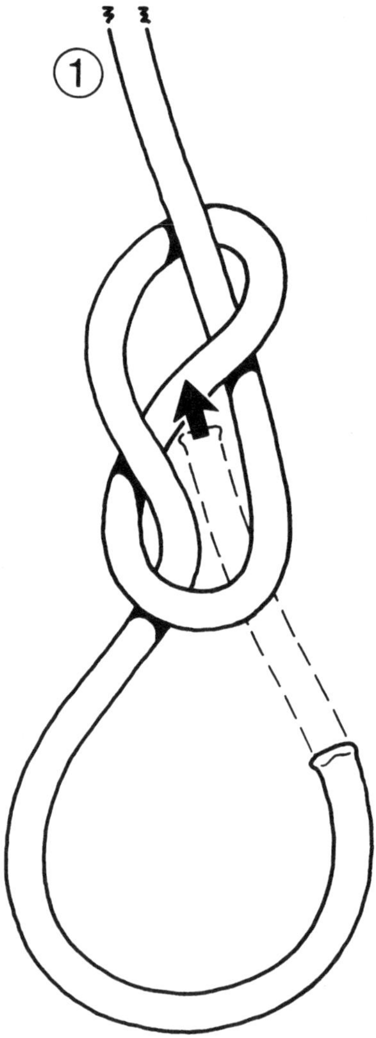

Man muß noch einen Stopperknoten hinzufügen, wenn man die gesteckte Achtschlaufe zur Seilverknüpfung benutzt.

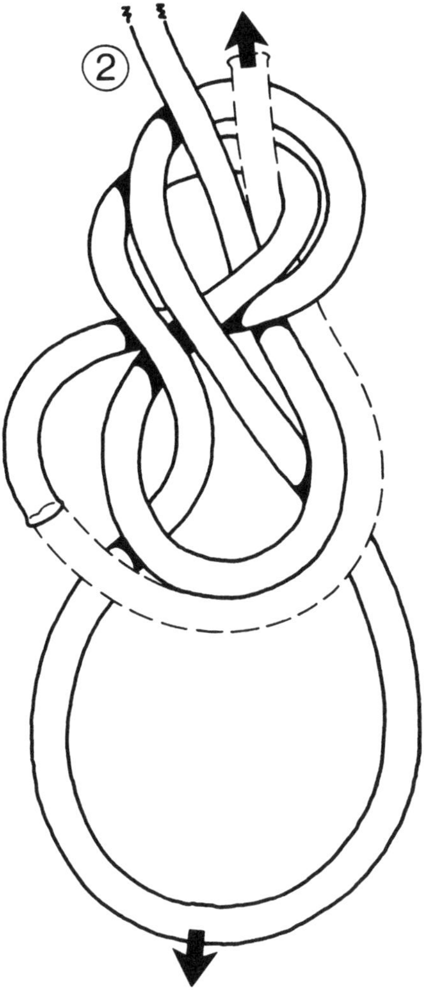

Angelschlaufe

Wie der Name vermuten läßt, wird die Angelschlaufe gern von Fischern verwendet. Auch bei Campern findet sie häufig Anwendung, wie etwa beim Aufhängen von Gegenständen oder bei der Befestigung von Schnüren an Haken oder Pfosten. Sie wird auch »perfekte Schlaufe« genannt, da sie leicht zu binden ist, nicht gleitet sowie Stärke und Stabilität gewährleistet. Aufgrund ihres Umfangs eignet sie sich aber eher zum Verknüpfen von Angelschnüren oder Synthetikleinen. Die Angelschlaufe ist auch schwer lösbar und bekneift sich gern, was sie für die Verwendung auf See ungeeignet macht.

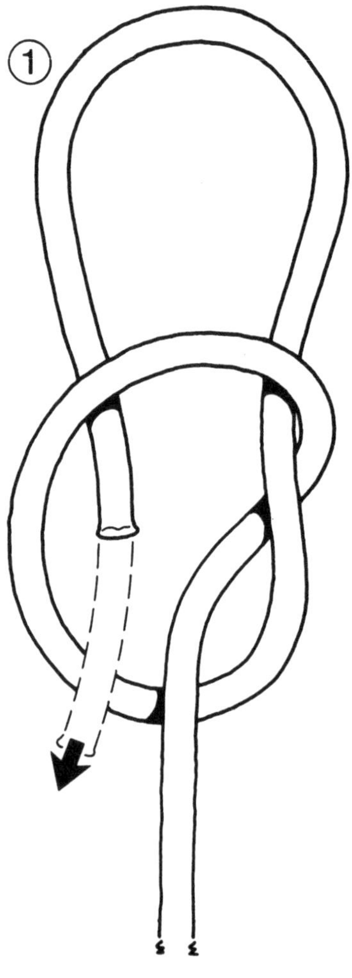

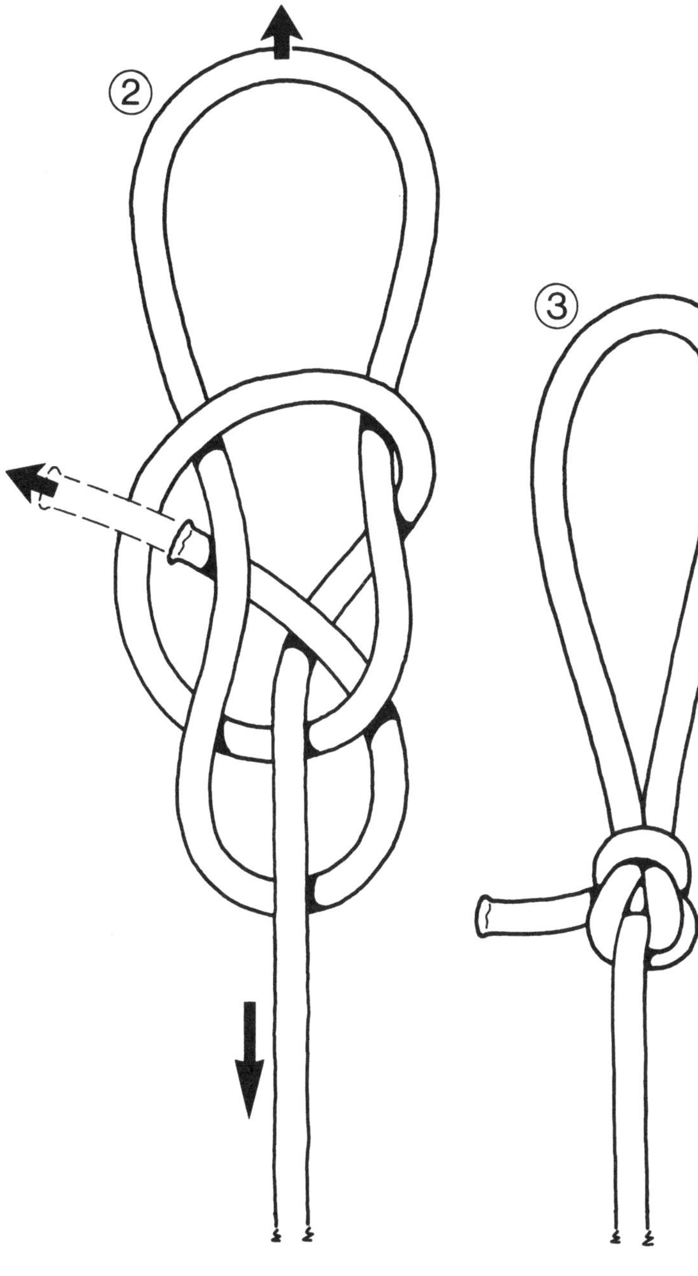
②
③

Alpiner Schmetterlingsknoten

Dieser Knoten wird von Kletterern und Bergsteigern verwendet. Er paßt um die Brust und hält aufgrund seiner Symmetrie an beiden Enden gleich gut. Er ist schnell zu binden und zu lösen, schlippt nicht, und die Schlaufe schrumpft nicht, wenn man den Knoten festzieht. Sein größter Nachteil ist der schwierige Knüpfvorgang. Die zunehmende Verwendung des Mastwurfs hatte zur Folge, daß der Alpine Schmetterlingsknoten an Beliebtheit eingebüßt hat.

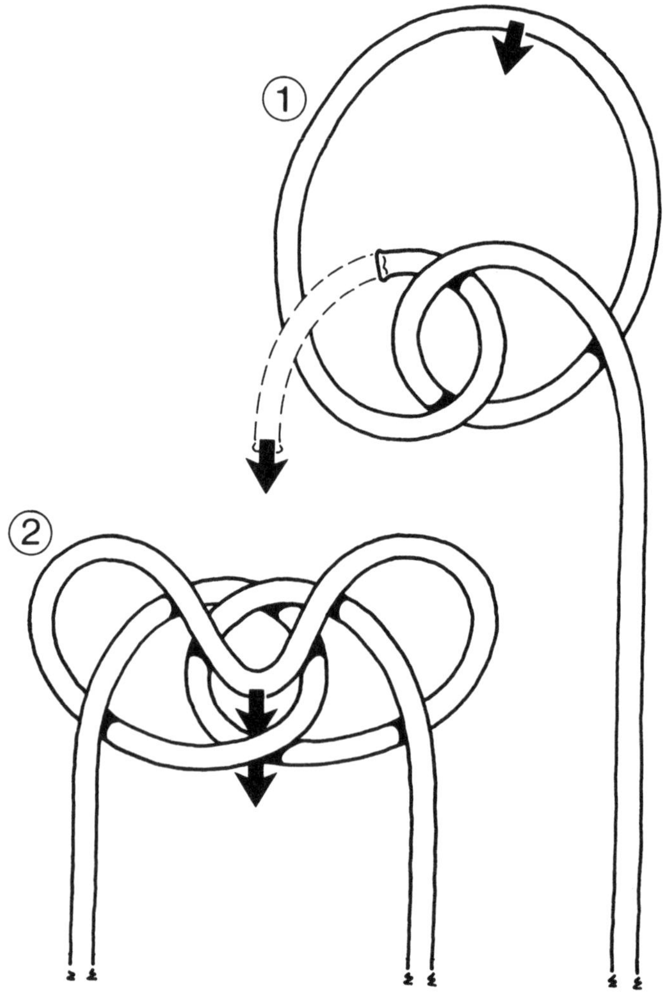

③

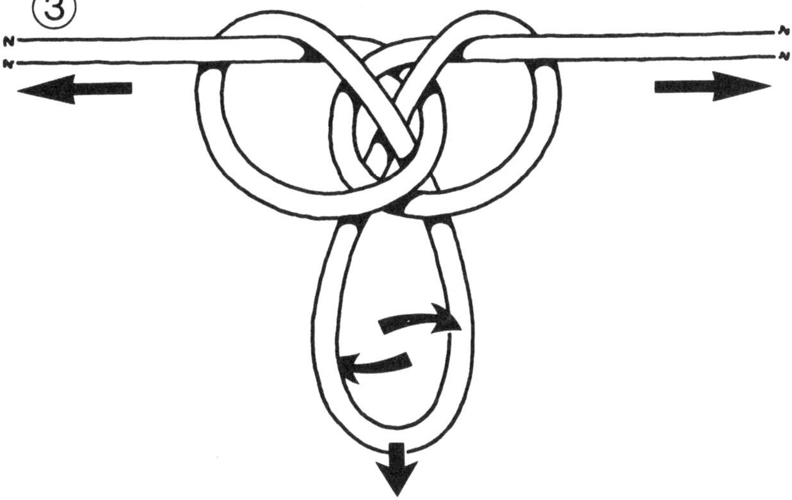

④

Palstek

Der Palstek gehört zu den bekanntesten und verbreitetsten Knoten. Besonders wichtig ist er für Segler. Man bindet den Palstek, indem man am Ende einer Leine eine feste Schlinge macht oder eine Leine an einem Gegenstand befestigt. Auf See wird er für laufende Takelage, zum Hissen, Verknüpfen und für Bergungsarbeiten verwendet.
Der Palstek ist einfach zu binden, er ist stark und stabil. Man bildet in der stehenden Part der Leine eine Schlinge, steckt das lose Ende durch das Auge der Schlinge, führt es hinten um die stehende Part herum und dann wieder durch das Auge nach unten. Am besten sichert man den Palstek mit einem Stopperknoten oder einem zusätzlichen Halbstek, um ihn am Schlippen zu hindern.
Die Hauptvorteile des Palsteks bestehen darin, daß er nicht schlippt, sich nicht löst oder bekneift. Selbst wenn die Leine unter Spannung steht, ist er leicht und schnell lösbar, indem man die um die stehende Part liegende Bucht nach vorne schiebt. Sein größter Nachteil ist, daß er sich bei steifen Leinen gern lockert.
Der laufende Palstek bildet eine Schleife, die sich bei Nachlassen der Spannung sofort löst. Der linke Palstek ist weniger sicher als der eigentliche Palstek und sollte vermieden werden.

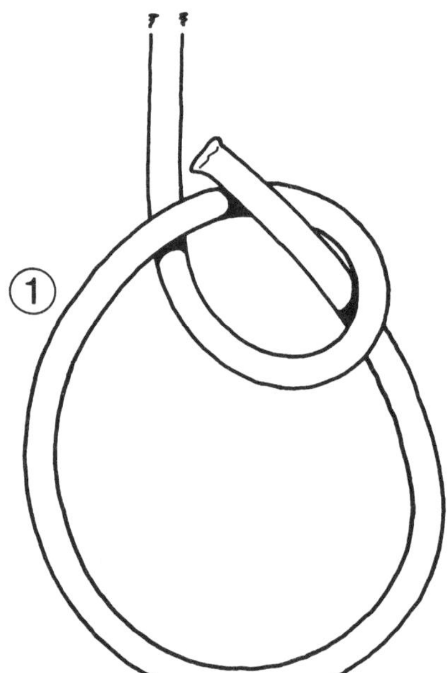

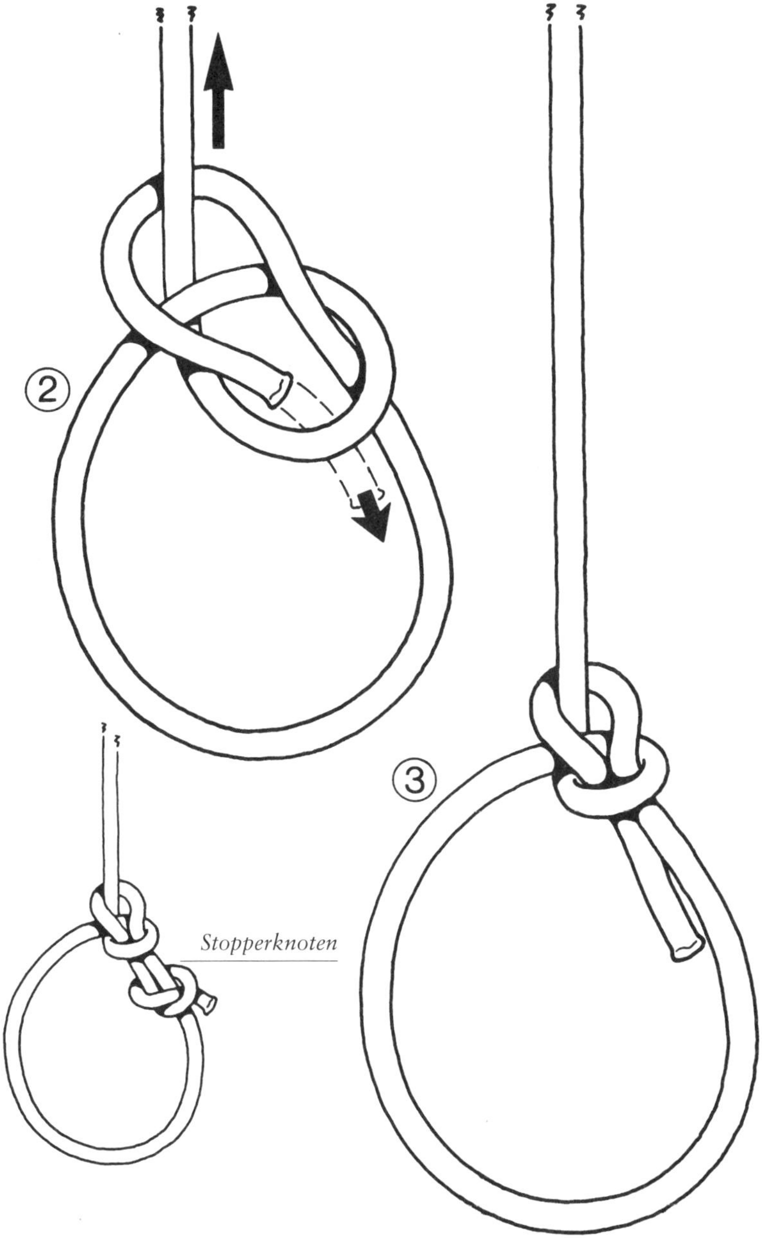
②
③
Stopperknoten

Kletterpalstek

Der Kletterpalstek wird auch Bulinknoten genannt. Er wird an einem Karabiner befestigt und dient während des Aufstiegs zur Sicherung. Kletterer binden sich diesen Knoten auch direkt um die Taille, damit sie die Länge des Seils während des Aufstiegs variieren können. Bei dieser Verwendung muß der Palstek auf jeden Fall mit einem Stopperknoten abgeschlossen werden.
Achtung: Wenngleich der Kletterpalstek schnell zu binden und leicht zu lösen ist, lockert er sich – vor allem bei steifem Seilwerk – dennoch manchmal. Er sollte deshalb immer mit einem Stopperknoten verbunden werden.

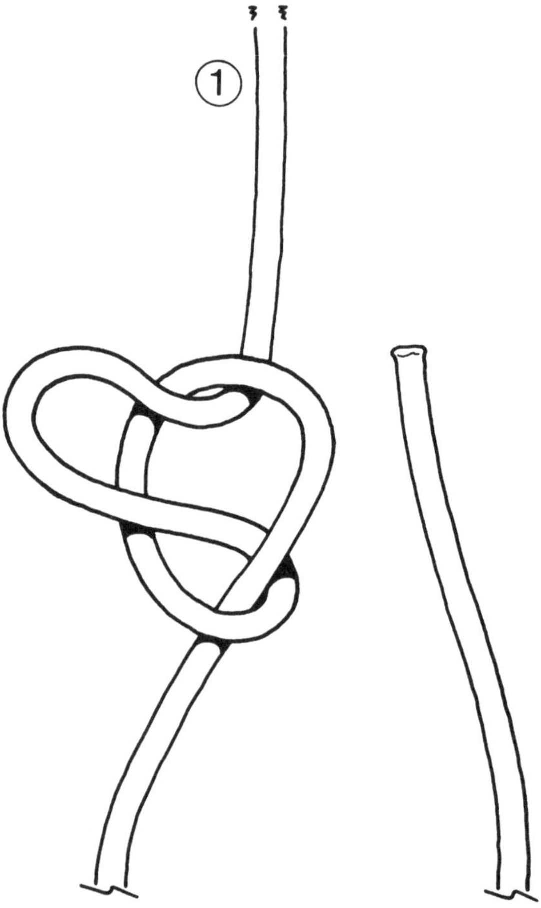

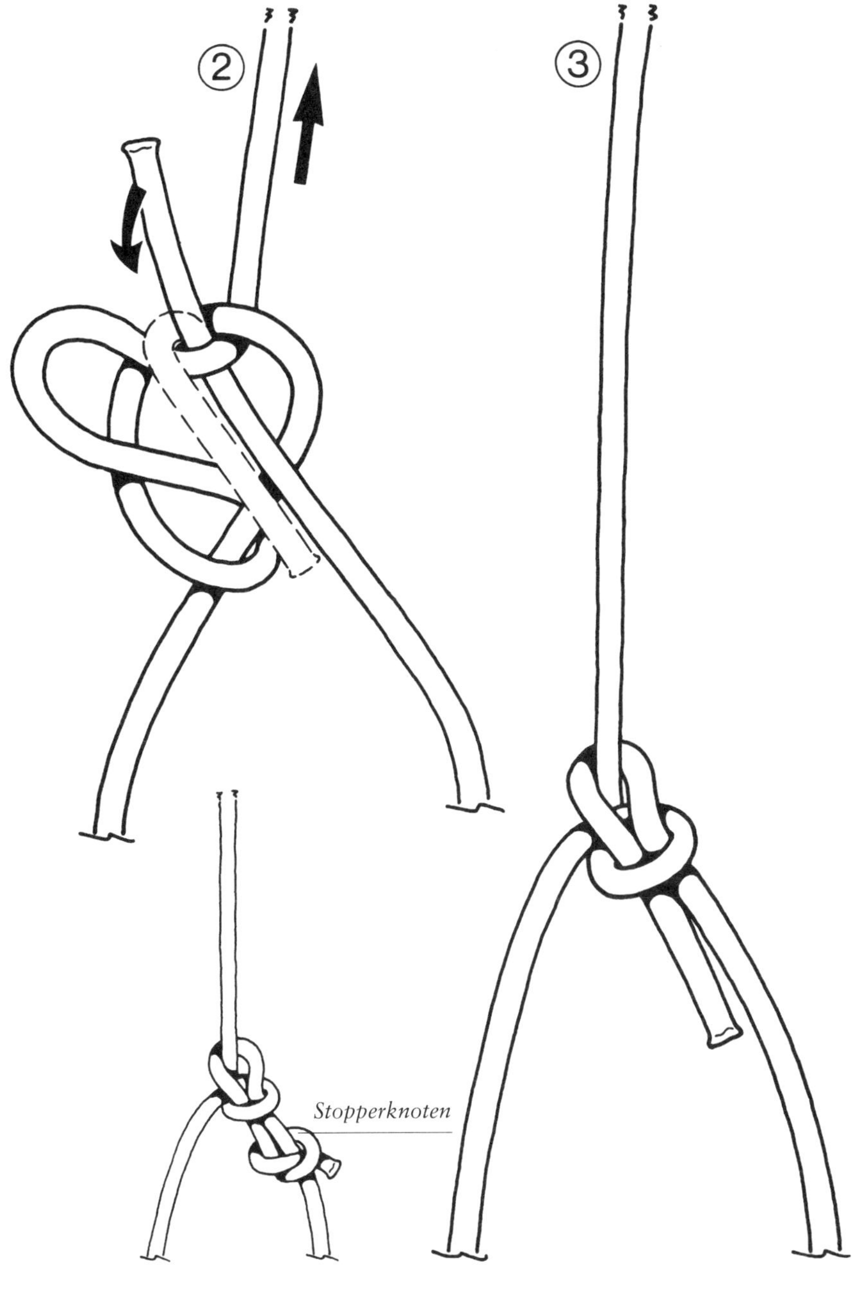
2
3
Stopperknoten

Palstek – geworfen

Verwenden Sie diese Methode, einen Palstek zu binden, wenn eine Leine an einem Gegenstand befestigt werden soll. Da Synthetikseile unzuverlässig sein können, sollte man das Ende mit einem zusätzlichen Halbstek sichern oder es fest in ein Seilkardeel stecken.

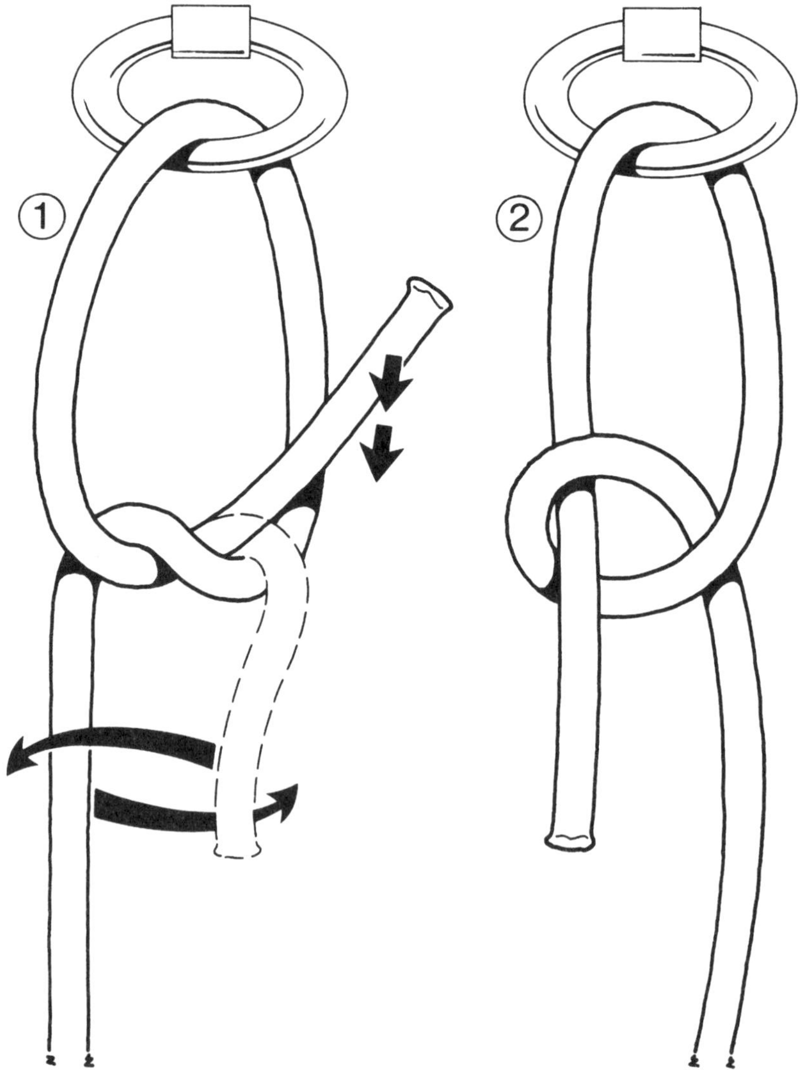

③

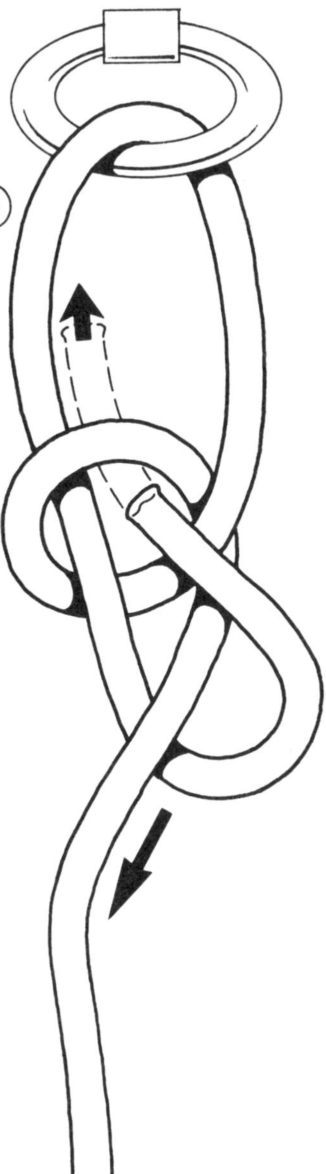

④

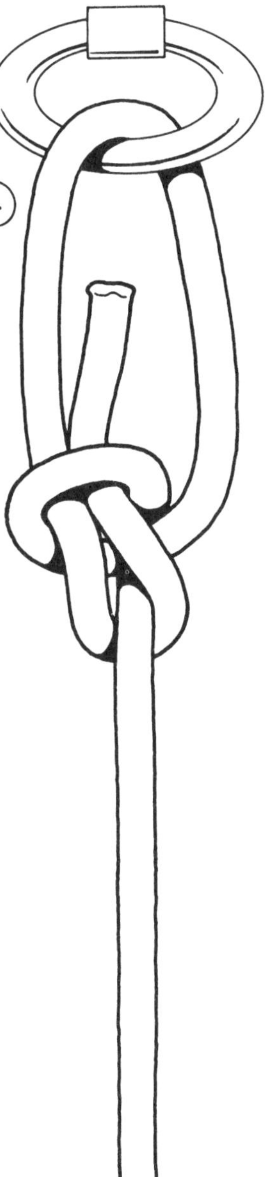

Palstek – Seil unter Spannung

Dieser Knoten wird von Seglern verwendet, um Boote an Ringen zu befestigen. Die stehende Part bleibt die ganze Zeit gestrafft, während man das lose Ende sicher festbindet.

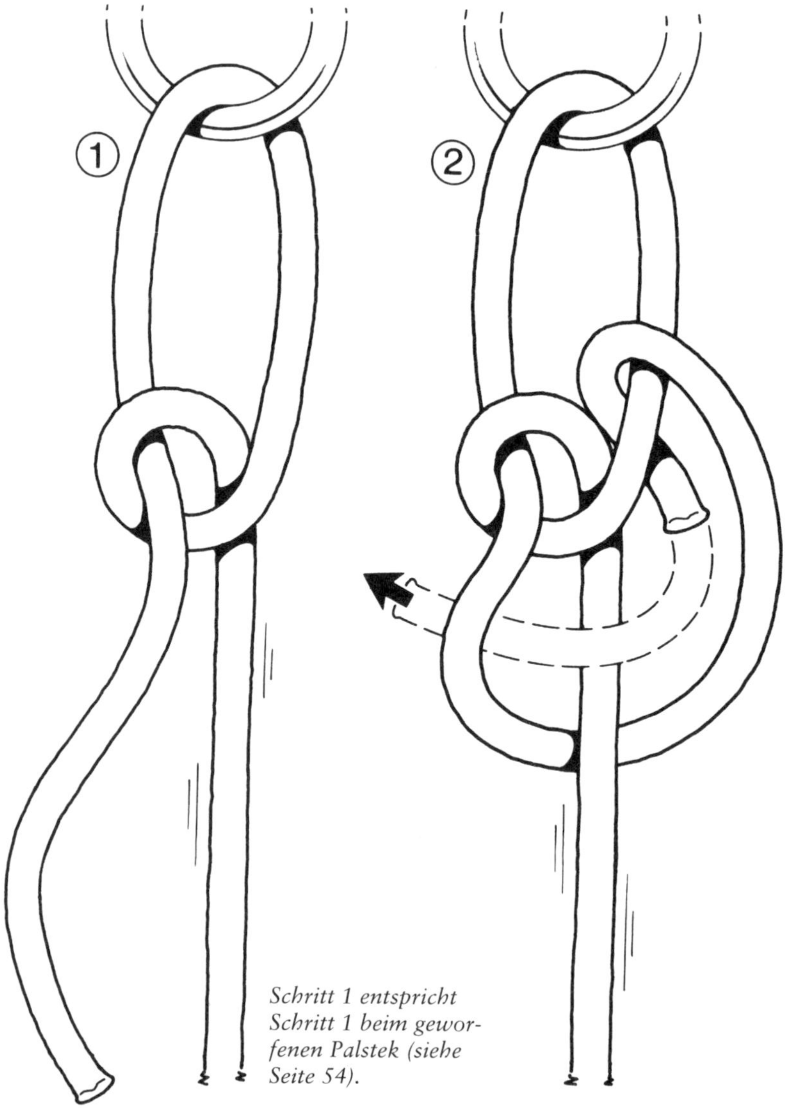

Schritt 1 entspricht Schritt 1 beim geworfenen Palstek (siehe Seite 54).

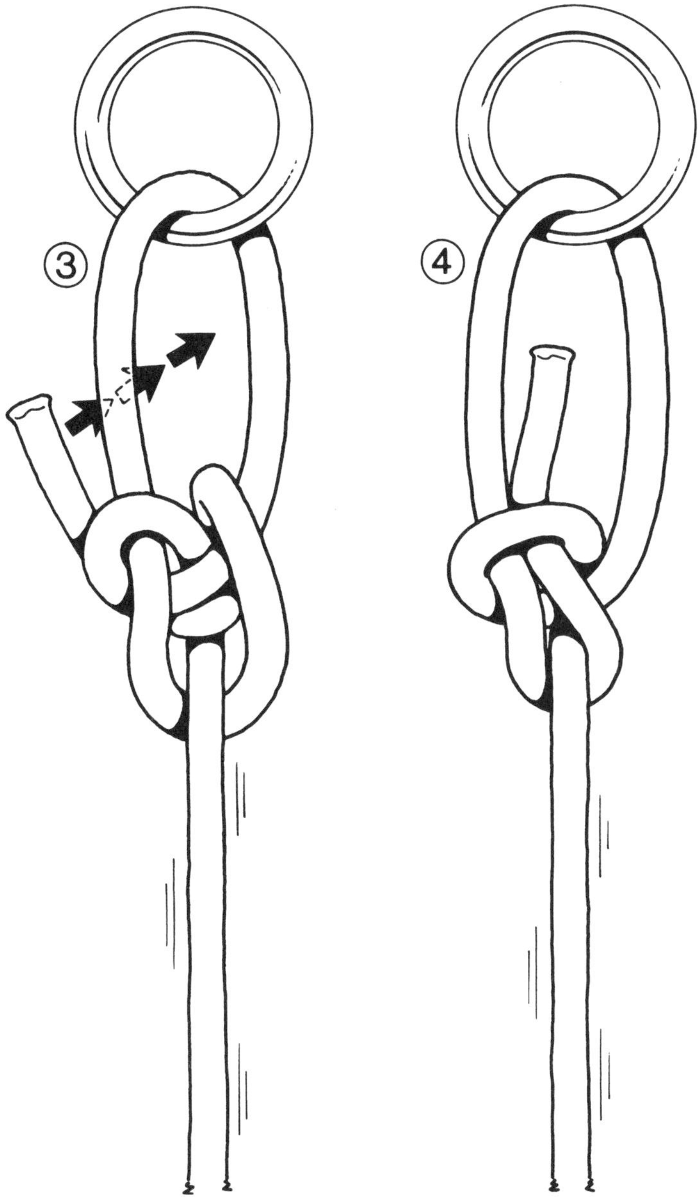
3
4

Palstek mit einer Bucht

Der Palstek mit einer Bucht bildet zwei feste Schlingen, die sich nicht verschieben. Sie haben den gleichen Durchmesser und überlappen einander. Doch nach dem Auseinanderklappen können sie getrennt verwendet werden. Wenngleich der Knoten sehr alt ist, wird er vor allem bei der Seerettung auch heute noch eingesetzt. Wenn die zu rettende Person bei Bewußtsein ist, steckt sie ein Bein durch jede Schlinge und hält sich an der stehenden Part fest. Wenn die Person bewußtlos ist, werden beide Beine durch eine Schlinge gesteckt, und die andere verläuft im Achselbereich. Dieser Knoten eignet sich ebenso zum Bergen von Gegenständen.

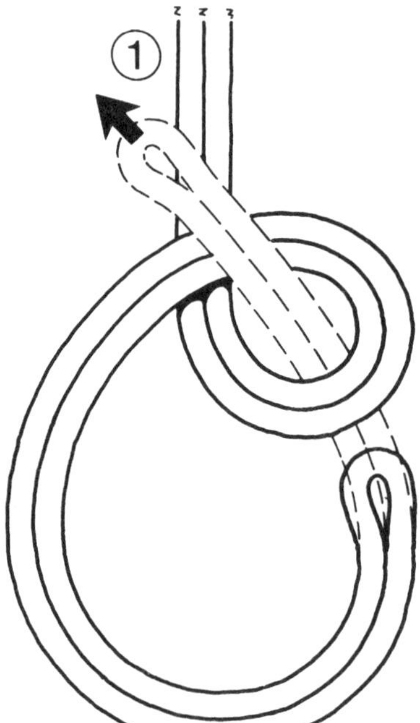

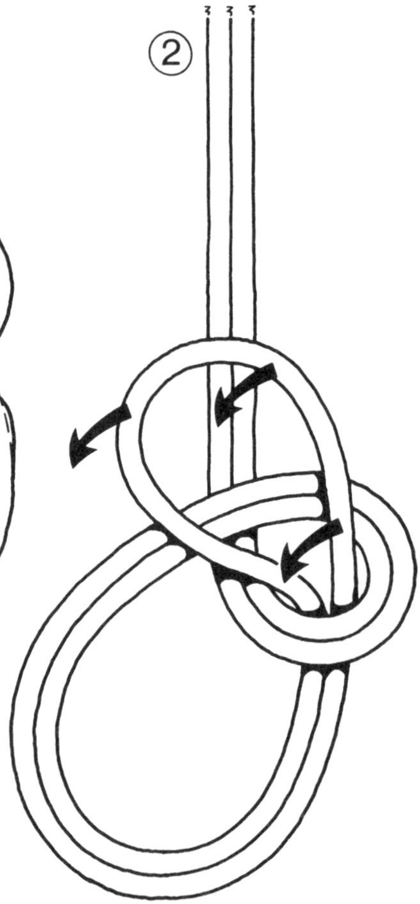

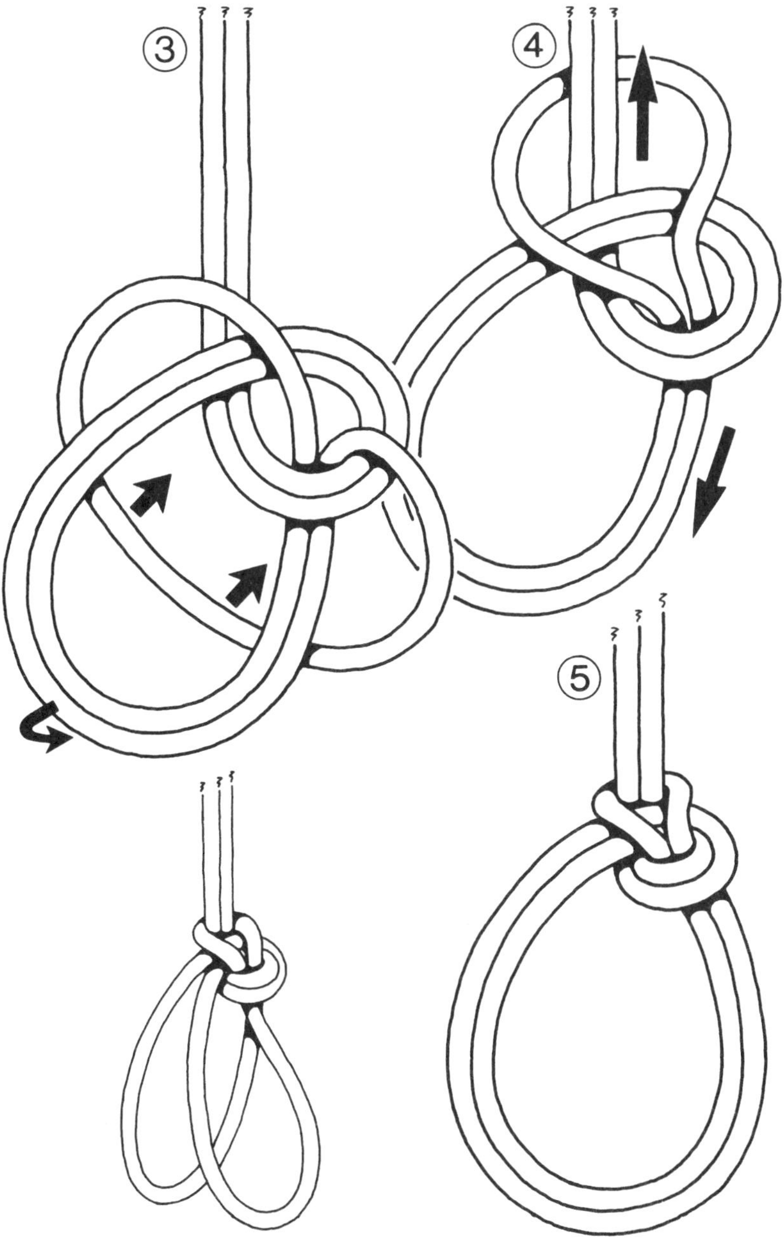
③
④
⑤

Dreiteilige Krone

Dieser robuste, sichere Knoten wird von Campern zum Aufhängen von Lebensmitteln und Ausrüstung verwendet. Er eignet sich auch als Schmuckknoten zum Befestigen von Gegenständen. Auf See findet er in der Regel keine Anwendung, da er nach starker Belastung schwer zu lösen ist.

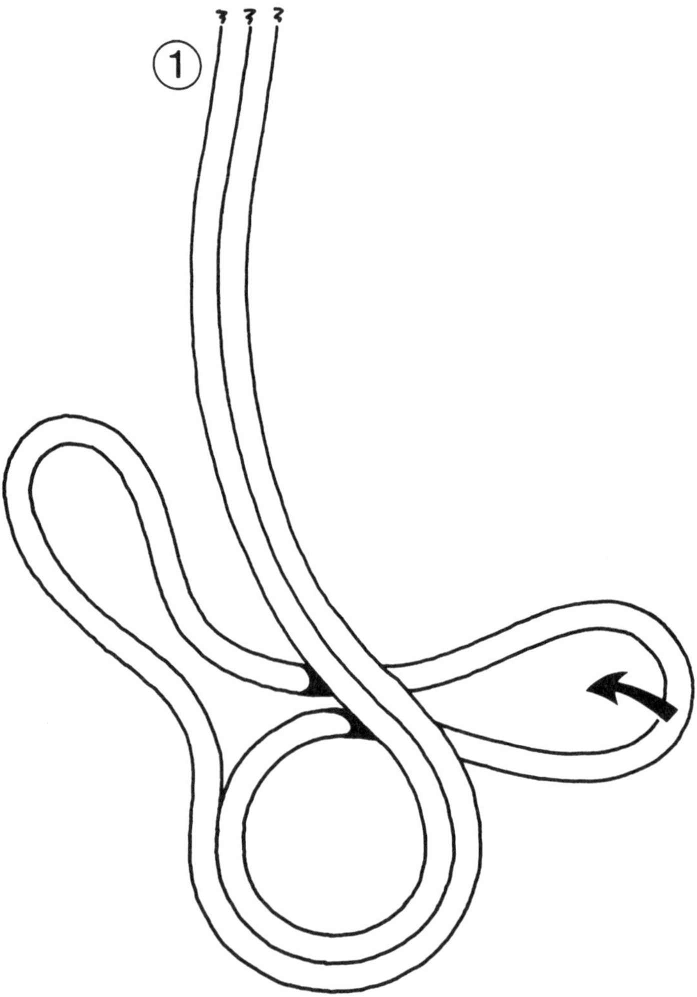

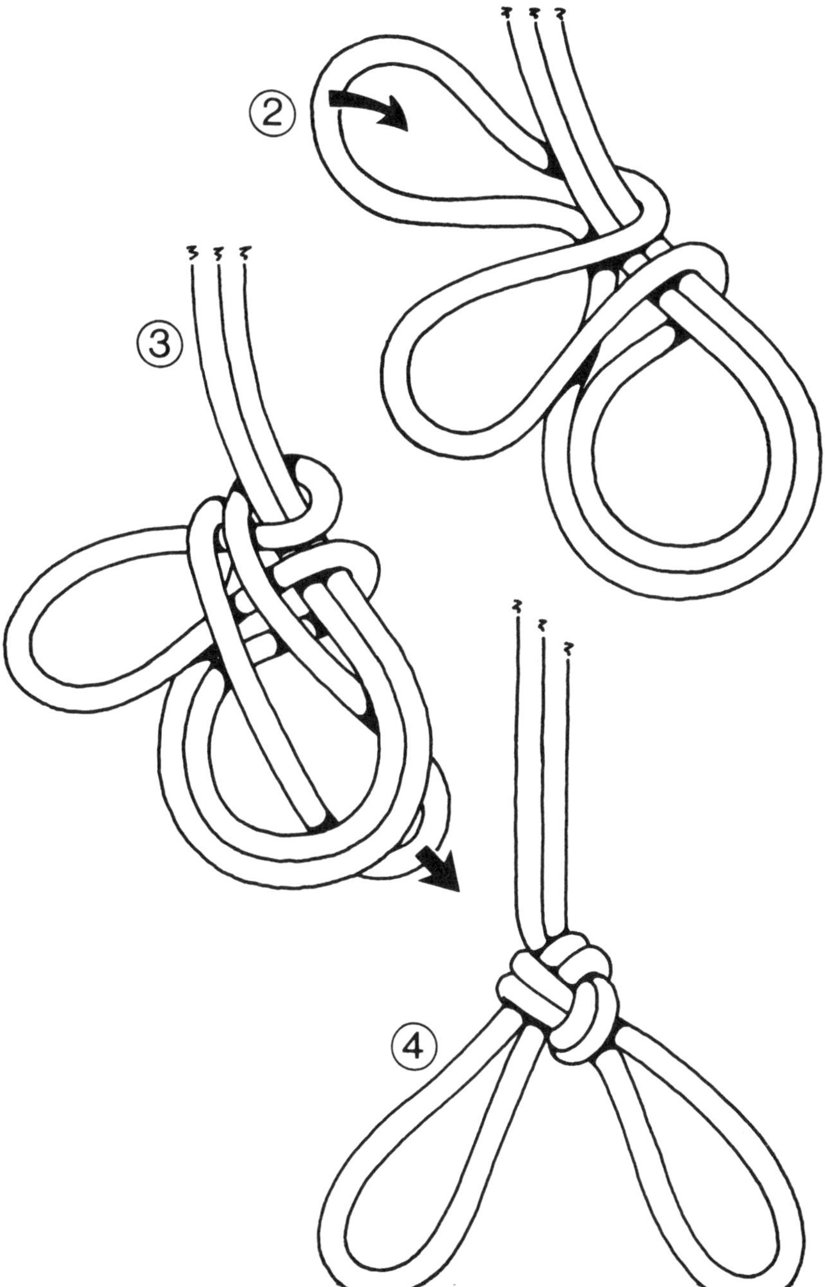
②
③
④

Spanischer Palstek

Dieser ungewöhnlich starke Knoten ist bei Bergungsarbeiten der Feuerwehr (wo er auch als Stuhlknoten bekannt ist), Küstenwache und Bergwacht von großer Bedeutung. Vorausgesetzt das verwendete Seil ist schwer genug, kann der spanische Palstek auch dazu benutzt werden, große Gegenstände, wie Leitern, Achsen oder Gerüste, horizontal nach oben zu befördern.
Wie beim Palstek mit einer Bucht, handelt es sich um einen sehr alten Knoten, der aus zwei getrennten, unabhängigen Schlingen besteht, die auch unter beträchtlicher Belastung sicheren Halt bieten. Bei der Bergung wird eine Schlinge über den Kopf des Opfers unter die Achseln gelegt; die andere Schlinge wird über die Beine gestülpt und hinter die Knie plaziert. Es ist von größter Bedeutung, daß jede Schlinge der Größe der Person angepaßt und in der richtigen Position befestigt wird, andernfalls könnte ein Bewußtloser leicht durch die Schlingen gleiten.

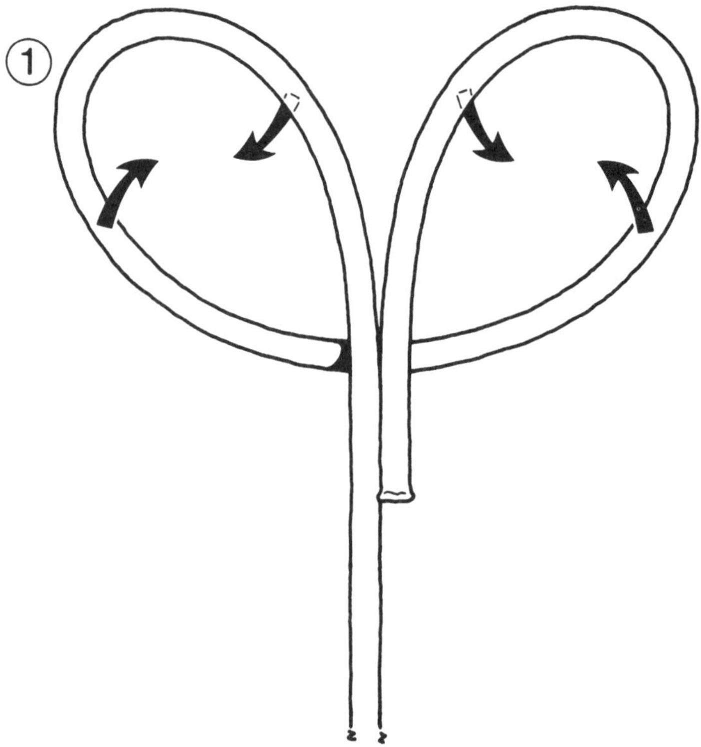

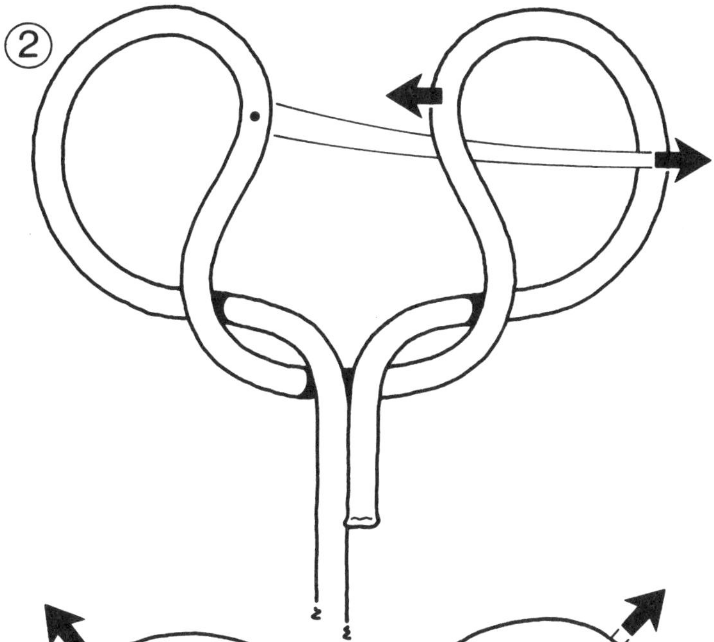
②

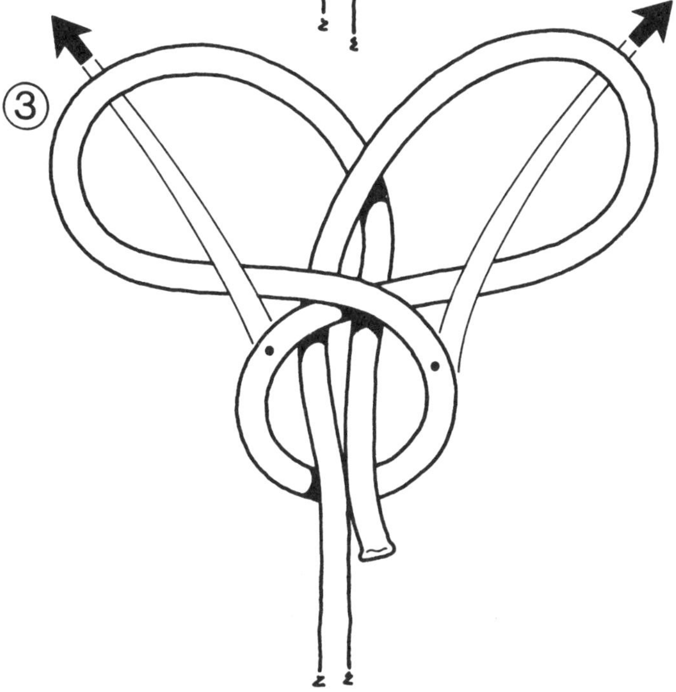
③

Spanischer Palstek

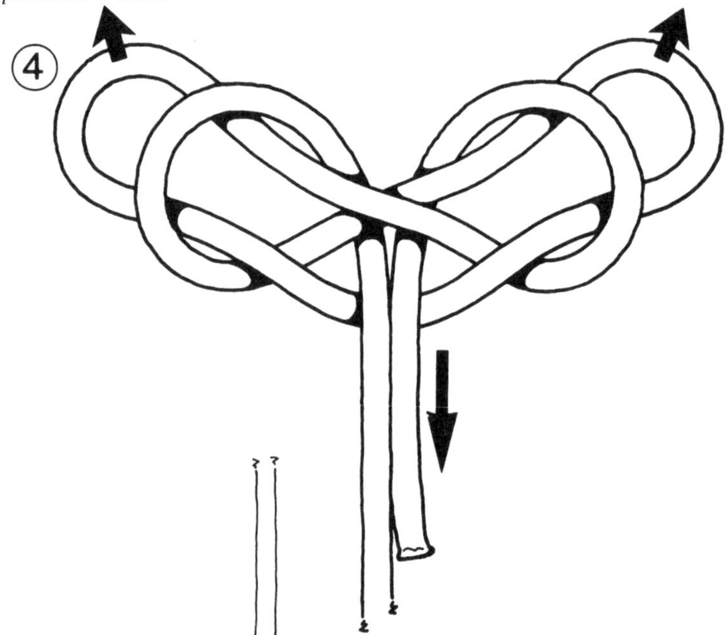

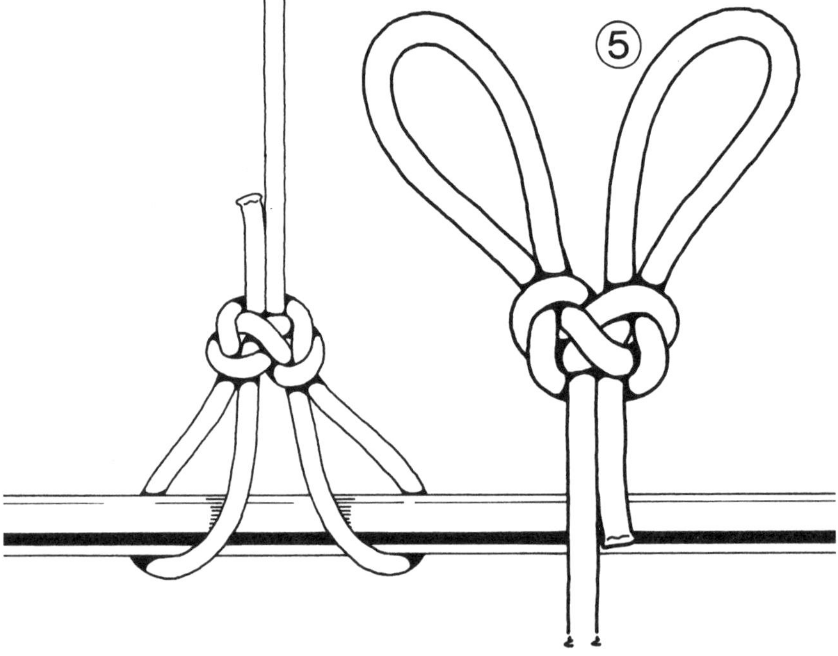

Laufende Knoten

Laufende Knoten, die auch Schlipp- oder Schiebeknoten genannt werden, verengen sich um die Gegenstände, an denen sie gebunden sind, lockern sich aber, wenn die Belastung nachläßt. Sie gehören zu den ältesten den Menschen bekannten Knoten und wurden in prähistorischer Zeit zur Herstellung von Waffen und Tierfallen verwendet. Jäger und Wilderer setzen sie auch heute noch beim Bau von Fallen ein. Camper und Kletterer benutzen laufende Knoten zum Sichern ihrer Ausrüstung oder wenn das Seil plötzlicher starker Belastung unterworfen ist. Einer der bekanntesten Knoten, der Henkers- oder Jack-Ketch-Knoten, hat noch andere gefürchtete Anwendungsmöglichkeiten. Diese Knoten werden auf See jedoch selten eingesetzt, da sie bei Nachlassen der Belastung nachgeben.
Bei dieser Gruppe von Knoten unterscheidet man zwei Arten: Solche, die man bindet, indem man eine Bucht durch eine feste Schlinge am Seilende führt; und solche, die aus einer geschlossenen Bucht bestehen, die am Ende oder im Verlauf eines Seils gebunden wird. Die wichtigsten laufenden Knoten in der ersten Gruppe sind Schiebeknoten und laufender Palstek; Henkersknoten und Tarbuck-Knoten sind die wichtigsten Vertreter der zweiten Gruppe.

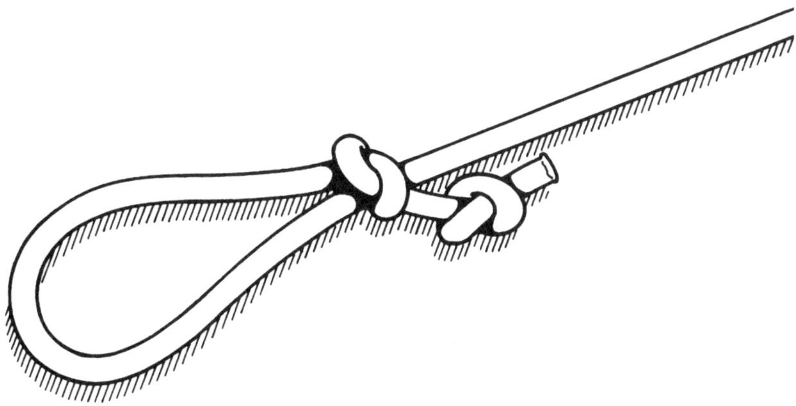

Schiebeknoten

Laufender Palstek

Dies ist vermutlich der einzige laufende Knoten, der auch auf See Anwendung findet. Er wird bei laufender Takelage und zum Einholen über Bord gefallener Gegenstände benutzt. Auf alten Segelschiffen verwandte man diesen Knoten, um bei starkem Wind das Rahsegel an die Rahnock zu holen. Im 19. Jahrhundert benutzten ihn Wilderer zur Herstellung von Fallen und Schlingen.

Der laufende Palstek ist für viele Zwecke einsetzbar, da er stark, sicher und leicht zu lösen ist, das Seil nicht angreift und gut gleitet. Er eignet sich zum Aufhängen von Gegenständen mit Seilen ungleichen Durchmessers, da das Gewicht des Gegenstands die Spannung schafft, die den Knoten greifen läßt.

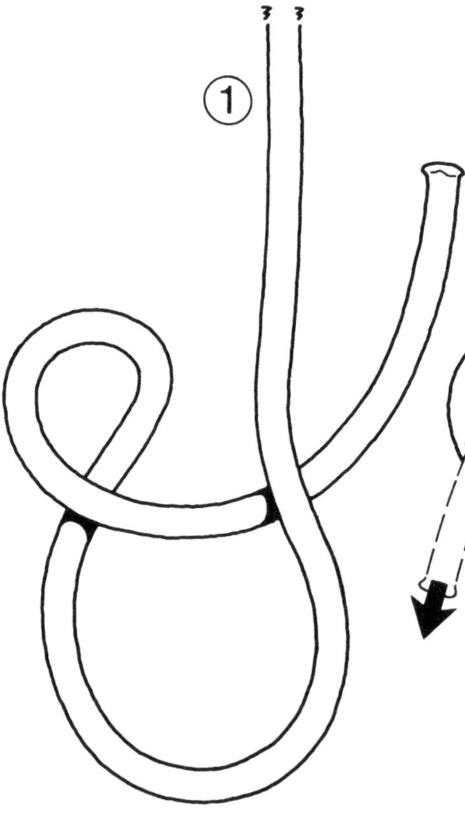

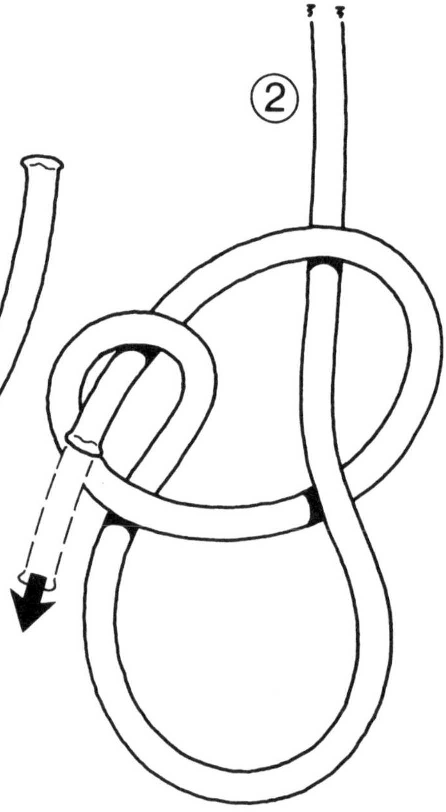

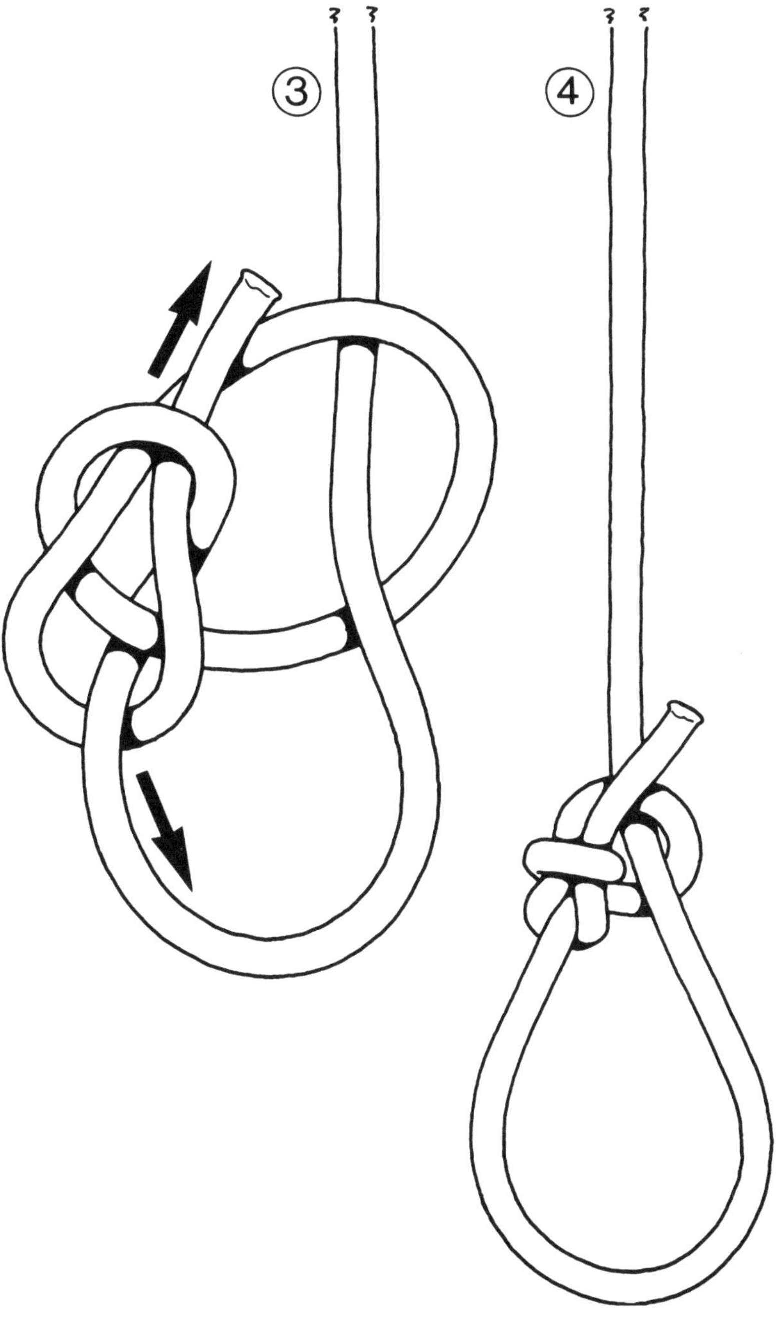

3
4

Henkersknoten

Dieser Knoten entsteht, wenn man eine geschlossene Bucht am Ende des Seils verknotet. Er bildet eine sehr starke Schlinge, die ruckartiger Belastung und starken Stößen standhält. Da er nicht immer problemlos gleitet, ohne sich zu lösen, wird der Henkersknoten gewöhnlich im voraus der erforderlichen Größe angepaßt.
Der Name weist auf seine gefürchtete Anwendung hin, und sein zweiter Name Jack-Ketch-Knoten erinnert an diesen berüchtigten Henker und Scharfrichter. Der Knoten ist von Legenden umrankt und mit Aberglauben behaftet. Auf Schiffen der Königlichen Britischen Marine durfte er zum Beispiel nicht geknüpft werden. Er muß immer mit einer ungeraden Zahl von Törns zwischen sieben und dreizehn gebunden werden.

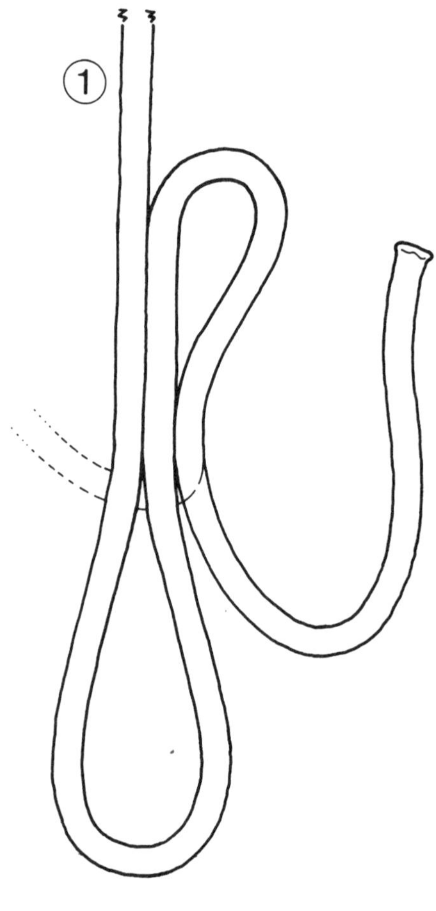

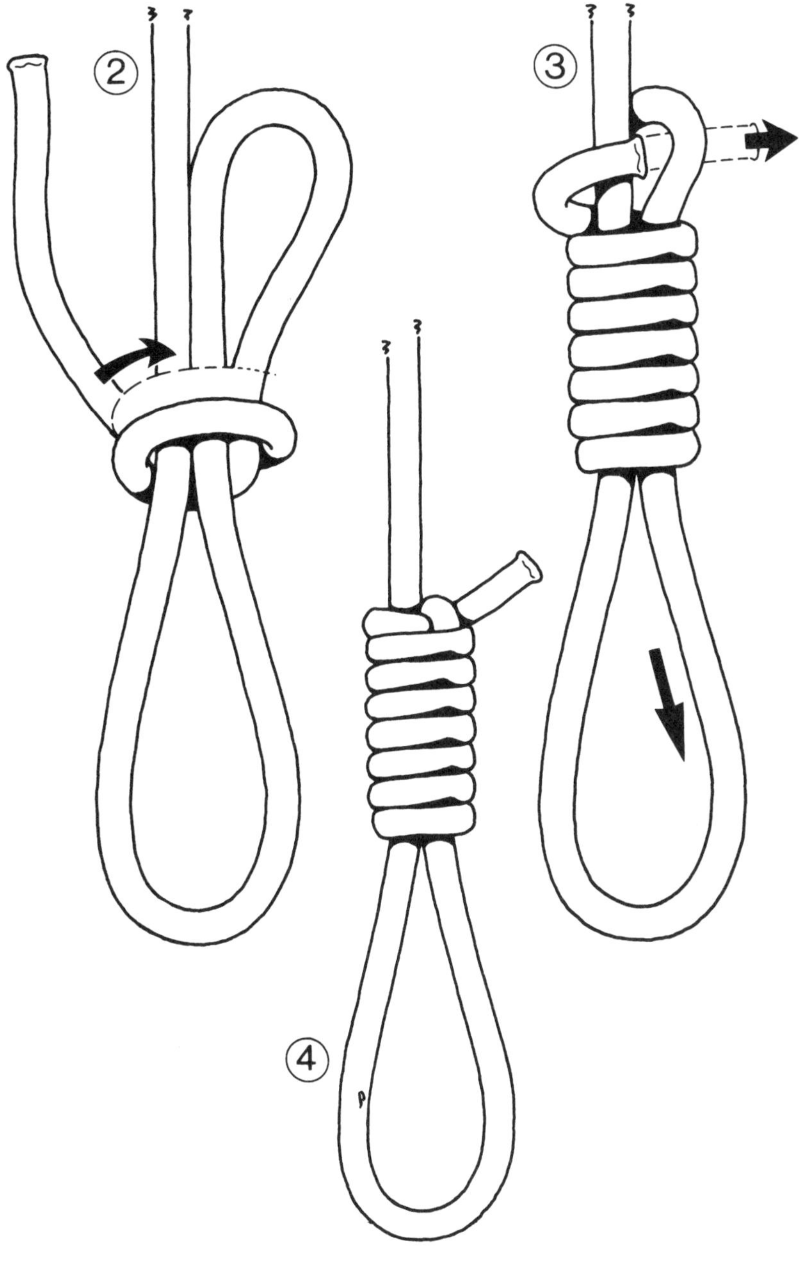

②
③
④

Tarbuck-Knoten

Der Tarbuck-Knoten gehört zur gleichen Gruppe laufender Knoten wie der Henkersknoten. Er entsteht, indem man am Ende eines Seils eine geschlossene Bucht bindet. Der Tarbuck-Knoten wurde von Kletterern entwickelt. Wenn nämlich ein Seil starker Belastung oder plötzlichen Schlägen ausgesetzt ist, gewährleisten die bei der Bildung des Knotens entstehenden Törns eine beachtliche Stoßfestigkeit. Seit der Erfindung doppelt geflochtener (Mantel und Kernstück) Seile hat der Tarbuck-Knoten jedoch an Popularität eingebüßt. Die neuen Seile haben selbst elastische Eigenschaften, und das Gleiten und Greifen des Knotens würde den Seilmantel abschilfern und schädigen.

Doch ist der Tarbuck-Knoten ein nützlicher Mehrzweckknoten, der entlang der stehenden Part verschoben werden kann und unter Belastung greift. Er ist nicht besonders sicher, doch kann er für improvisierte Spannschnüre, zum vorläufigen Vertäuen kleiner Boote sowie für viele andere Zwecke verwendet werden, bei denen kein Leben auf dem Spiel steht.

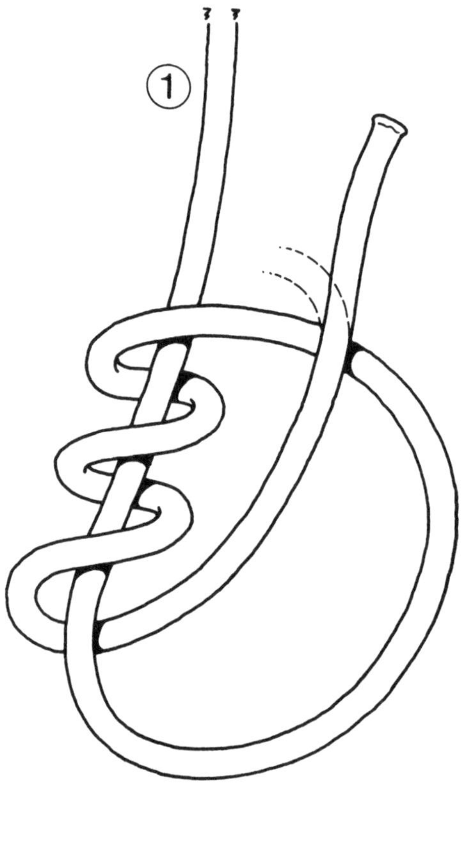

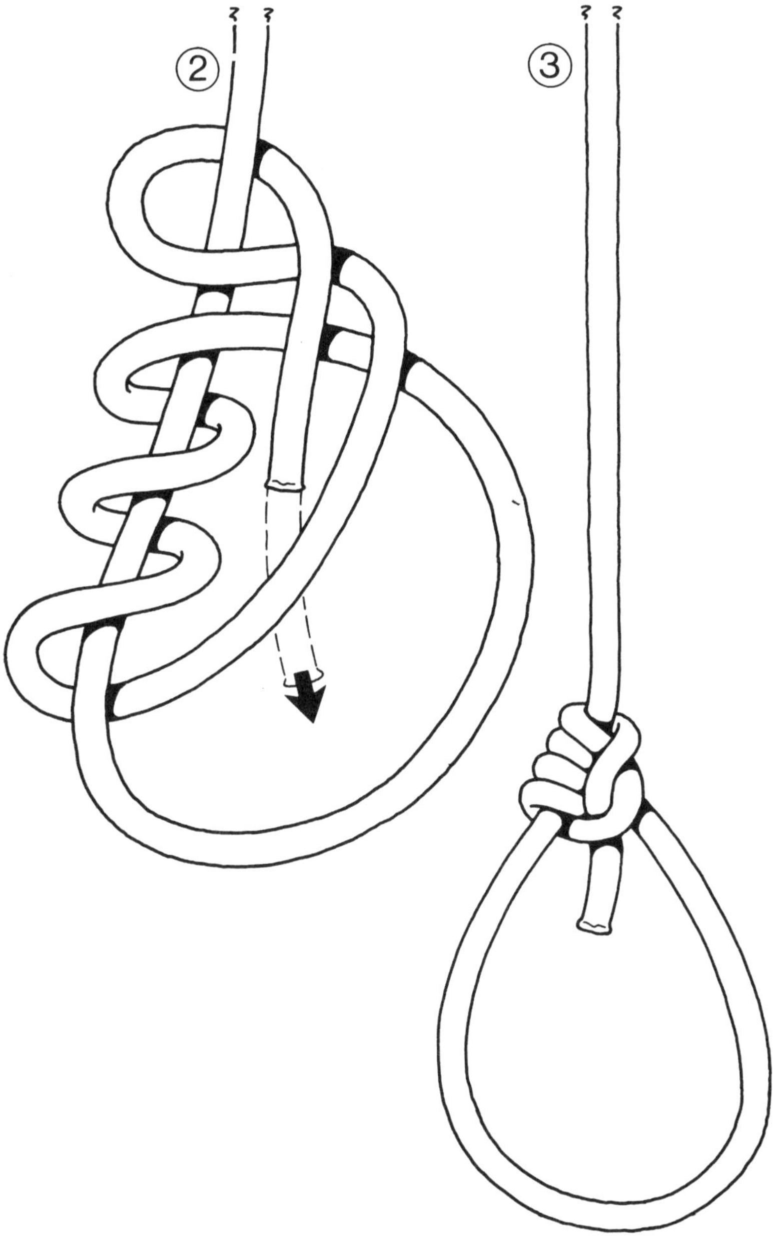

②
③

Schiebeknoten

Dieser Knoten wird auf See selten eingesetzt, ist aber bei Campern und Jägern zum Fangen von Vögeln und kleiner Beute wie Kaninchen sehr beliebt. Er kann auch als erster Knoten beim Verschnüren eines Pakets oder, im größeren Rahmen, zur Belastung von Takelkabeln verwendet werden.

Da der Schiebeknoten mit einem recht kurzen Seil gebunden werden kann, eignet er sich als Stek, vor allem, wenn dieser um große Gegenstände wie Baumstämme geknüpft wird. Ein Konstriktorknoten, Webeleinen- oder Kuhstek würde ein wesentlich längeres Seil erfordern. Darüber hinaus bildet der Schiebeknoten einen sehr sicheren Stek.

Ein weiterer Vorteil des Schiebeknotens liegt darin, daß er um relativ schwer zugängliche Gegenstände gebunden werden kann. Man muß lediglich nahe genug herankommen, um das Seil um das Objekt zu legen, und schon kann man den Knoten binden und festziehen.

Um ein Schlippen zu verhindern, sollte der Schiebeknoten noch mit einem Stopperknoten ergänzt werden.

Verkürzungen

Verkürzungen sind Knoten von unschätzbarem Wert, deren Beherrschung der Mühe wert ist. Wie der Name schon sagt, werden sie dazu verwendet, ein Seil oder ein Schnur zu verkürzen, ohne sie zu kappen. Da Seilwerk teuer ist, sollte es nicht unnötig zerschnitten werden. Ein durch Knoten verkürztes Seil kann später immer wieder verlängert werden, und ein nicht unterbrochenes langes Seil ist immer sicherer als zwei verknotete Schnüre. Mit Verkürzungen kann man die Seillänge je nach Bedarf variieren. Man kann sie zum Abschleppen von Autos, Heranholen von Booten, Aufladen von Fracht, Belastung weiterer Seile und für viele andere Situationen verwenden, in denen ein kurzes Seil gefragt ist. Sie sind auch hilfreich, um verschlissene oder geschädigte Seilteile aufzunehmen. Die geschwächten Abschnitte werden in den Knoten einbezogen und stehen damit nicht mehr unter Belastung.
Zu den wichtigsten Verkürzungen gehören der von Seglern verwendete Trompetenstek und der von Lastwagenfahrern benutzte einfache Knoten.

Trompetenstek

Trompetenstek

Der Trompetenstek ist hauptsächlich ein Seemannsknoten und zeichnet sich durch die typischen Eigenschaften nautischer Knoten aus: Er scheuert nicht, bekneift sich nicht mehr als erwünscht, ist leicht lösbar, einfach zu binden und gibt unter Spannung nicht nach. Er behält seine Form auch über einen langen Zeitraum und führt nicht zu Seilverschleiß (vorausgesetzt, daß alle Teile der gleichen Belastung ausgesetzt sind).

Mit dem Trompetenstek kann man jedes Seil auf die gewünschte Länge verkürzen, ohne es zu kappen. Die Anzahl der Halbsteke im Seil liegen zwischen drei und fünf. Sie bestimmen den Griff des Knotens und die Länge, um die das Seil verkürzt wird. Beim Segeln wird der Knoten zum Vertäuen von Booten und bei laufender Takelage verwendet. Darüber hinaus gibt es noch zahllose andere Verwendungsmöglichkeiten. Der Stek kann auch zum Aufnehmen und Aufbewahren schlaffer Leinen und zum Verkürzen von Spannschnüren eingesetzt werden. Pfadfindern ist er wohlbekannt. Sogar Glöckner verwenden den Trompetenstek, um ihre Glockenseile in Ordnung zu halten.

Wenn man den Trompetenstek zum Verkürzen verschlissenen Seilwerks einsetzt, sollte man sicherstellen, daß die schadhafte Stelle durch beide Halbsteke verläuft.

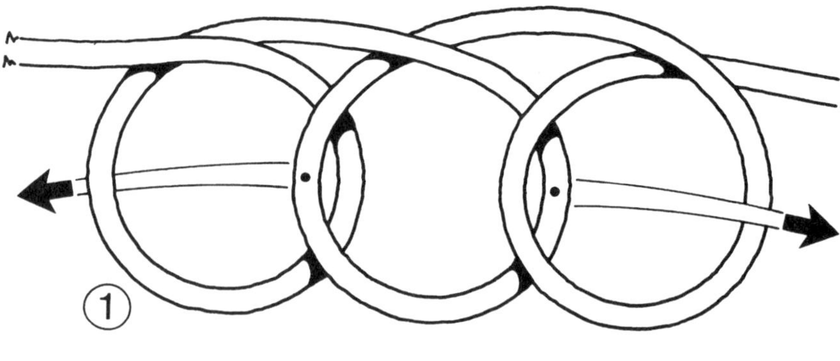

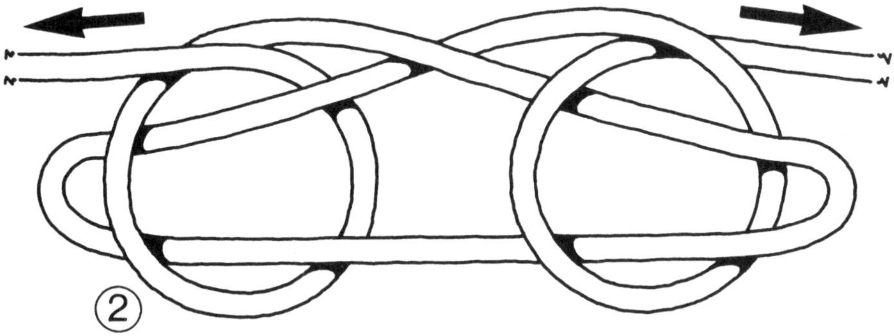

Trompetenstek zur Verkürzung schadhafter Seile.

Schlaufenknoten

Dieser unkomplizierte Knoten eignet sich bestens zur Verkürzung eines schadhaften Seils. Der beschädigte Teil der Schnur wird ins Zentrum des Knotens genommen, wo er keiner Belastung ausgesetzt ist. Mit diesem Knoten kann man auch die Abschleppseile von Personen- und Lastkraftwagen verkürzen.

①

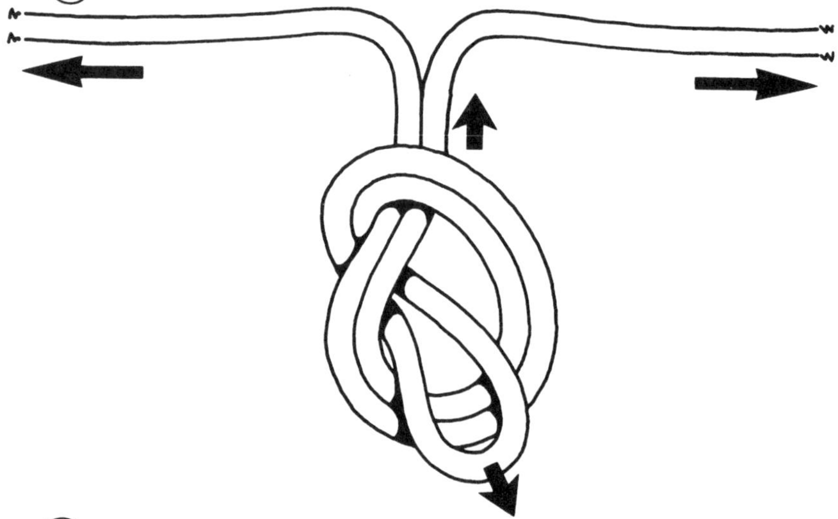

②

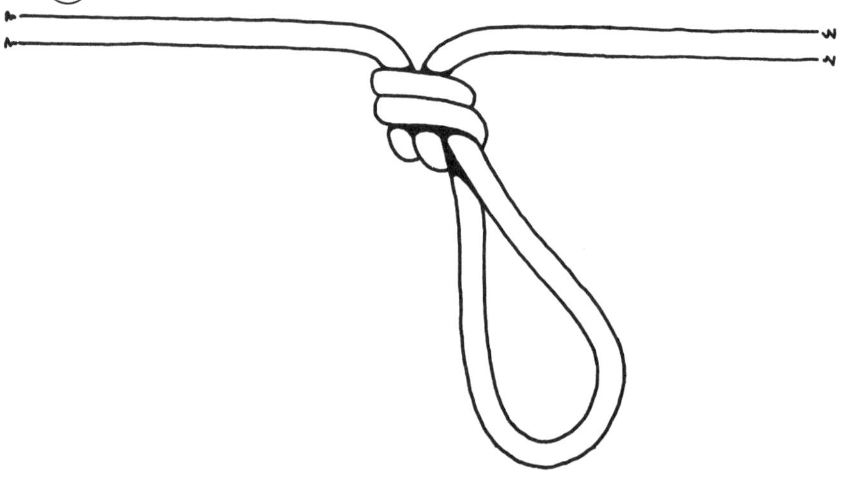

Steke

Steke werden dazu verwendet, ein Seil an einem Gegenstand (Pfosten, Haken, Ring, Mast, Geländer etc.) oder an einem anderen Seil, das in der eigentlichen Verknüpfung keine Rolle spielt, zu befestigen. Sie finden häufigen Einsatz beim Zelten und Klettern. Beim Segeln verwendet man sie zum Vertäuen von Booten, Befestigen von Leinen sowie als Bändsel. Steke müssen auch paralleler Belastung standhalten, ohne zu schlippen.

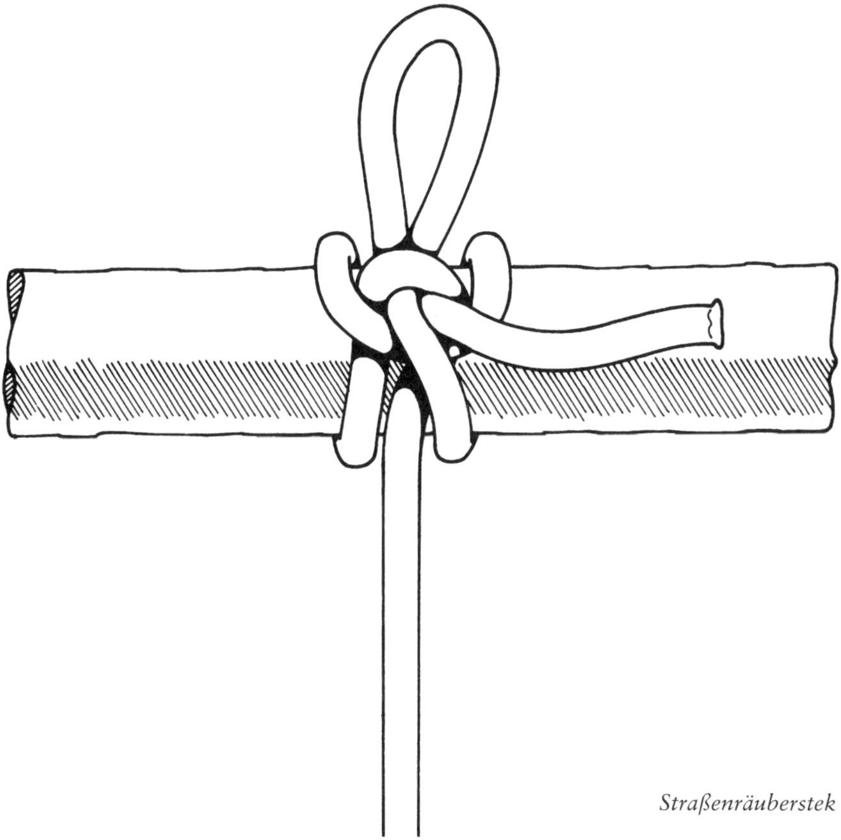

Straßenräuberstek

Halbsteke

Der Halbstek wird häufig zum Befestigen verwendet. Er besteht aus einem einzelnen Stek, der um die stehende Part eines anderen Steks gebildet wird. Der Halbstek wird zur Verstärkung und Vervollständigung anderer Knoten (zum Beispiel Rundtörn und zwei Halbsteke) eingesetzt, die dann zum Verschließen, Aufhängen oder Verhaken von Gegenständen verwendet werden können. Der geschlippte Halbstek ist eine nützliche Variante des einfachen Halbsteks. Ein fester Zug am Ende löst den Knoten.

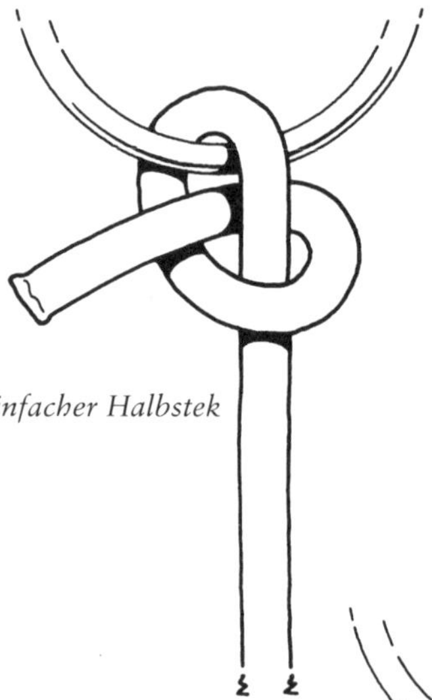

Einfacher Halbstek

Zwei Halbsteke

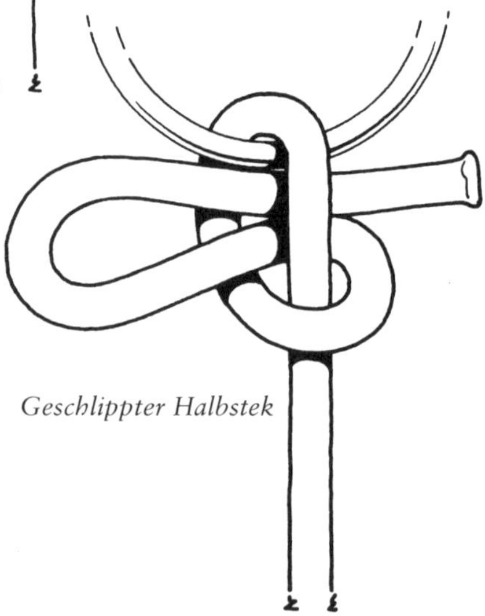

Geschlippter Halbstek

Kuhstek

Dieser Stek besteht aus zwei Einzelsteken und wird meist an einem Ring oder Pfosten gebunden. Er wird häufig zum Anbinden von Tieren verwendet, ist jedoch der unsicherste Stek und sollte nicht als dauerhafte Befestigung dienen.

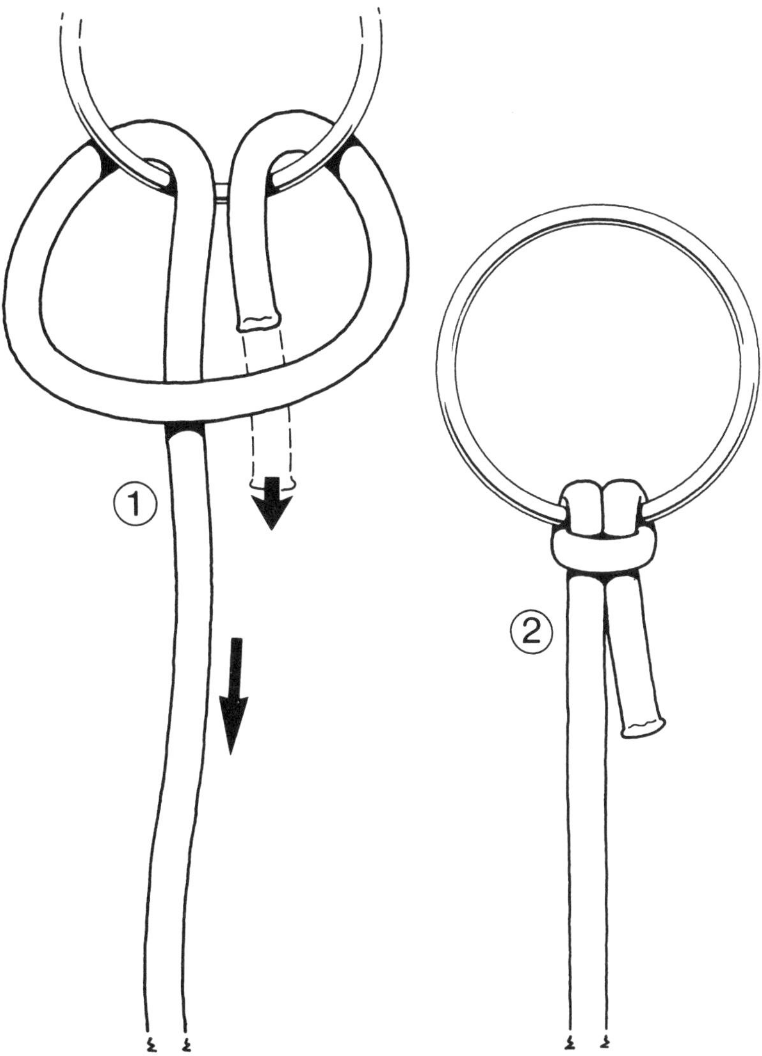

Webeleinenstek

Der Webeleinenstek ist einer der bekanntesten und nützlichsten Steke. Er kann dazu verwendet werden, eine Leine an einem Geländer, Pfosten oder an einem anderen Seil, das nicht zum Knoten gehört, zu befestigen. Mit etwas Übung kann man ihn mit einer Hand binden. Wie sein weiterer Name – Schifferknoten – schon sagt, eignet er sich besonders für Seeleute. Und zwar dann, wenn sie mit einer Hand ein Boot am Dock vertäuen und sich mit der anderen Hand an der Reling festhalten müssen.
Der Webeleinenstek ist jedoch kein absolut zuverlässiger Vertäuungsknoten, da er sich bei unterschiedlicher Belastung aus verschiedenen Richtungen löst. Am besten eignet er sich als vorläufige Befestigung, die dann durch einen stabileren Knoten ersetzt wird. Man kann ihn sichern, indem man einen oder zwei Halbsteke um die stehende Part des Seils bindet oder ihn durch einen Stopperknoten ergänzt.
Beim Zelten wird der Webeleinenstek gern zum Sichern der Zeltstangen eingesetzt. Dieser Verwendung verdankt er auch den Namen Heringsknoten.

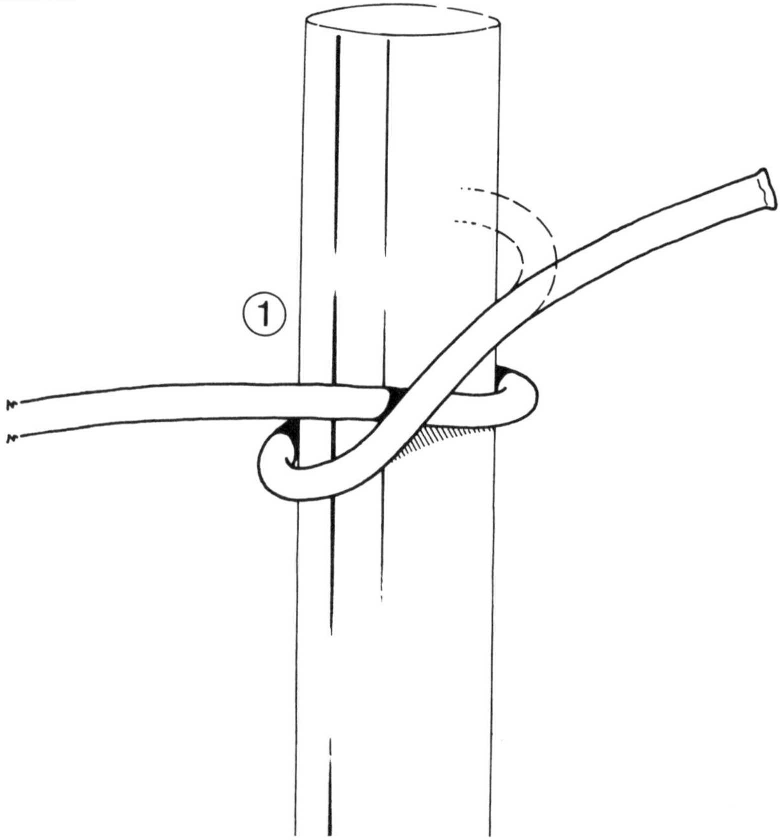

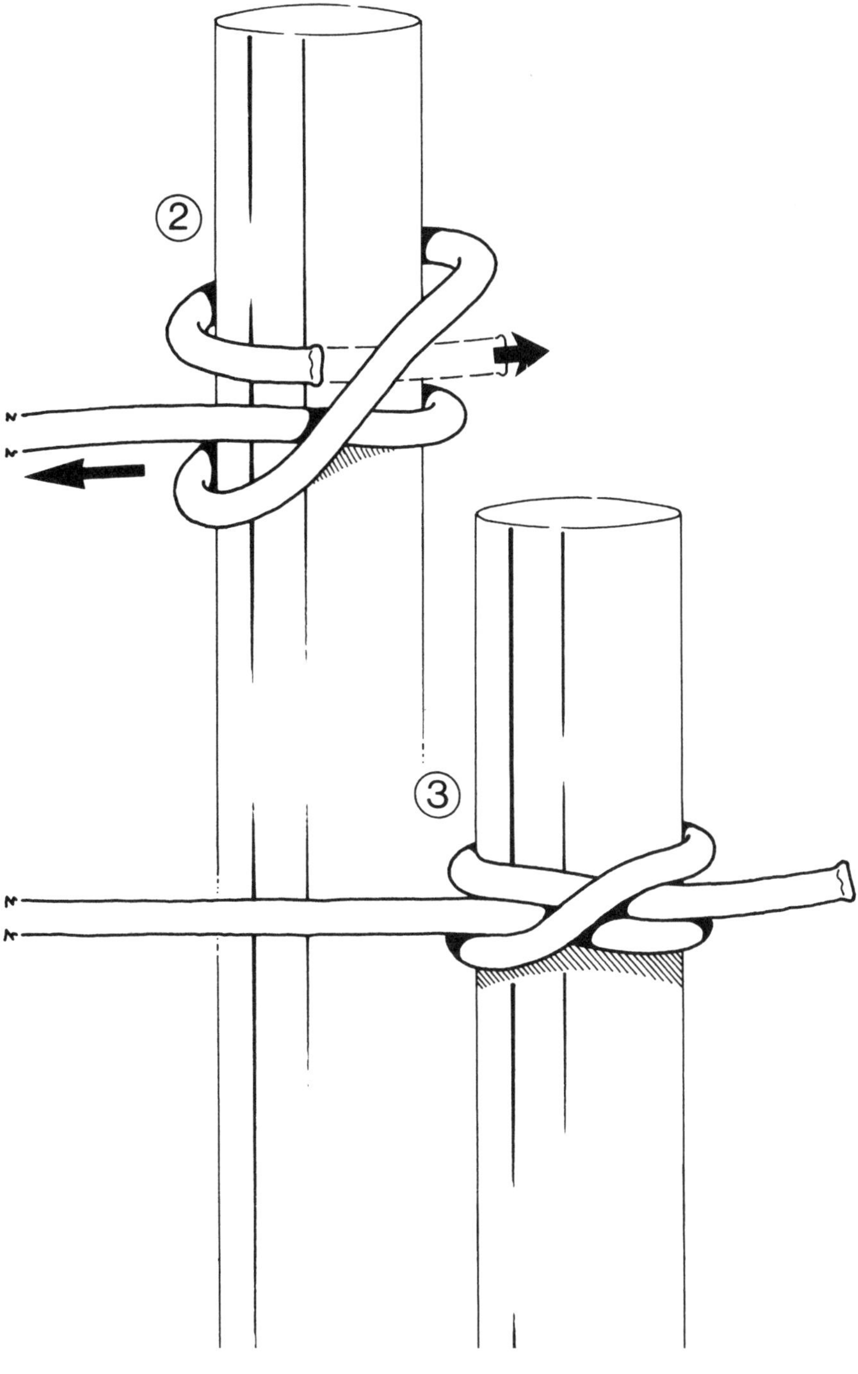

②
③

Webeleinenstek über einem Pfosten

Man bildet diesen Knoten, indem man zwei überlappende Halbsteke über einen Pfosten wirft. Beim Segeln verwendet man den Stek häufig beim Docken, um Boote an Pfosten oder Pfählen zu vertäuen. Camper benutzen ihn zum Festziehen von Spannschnüren.

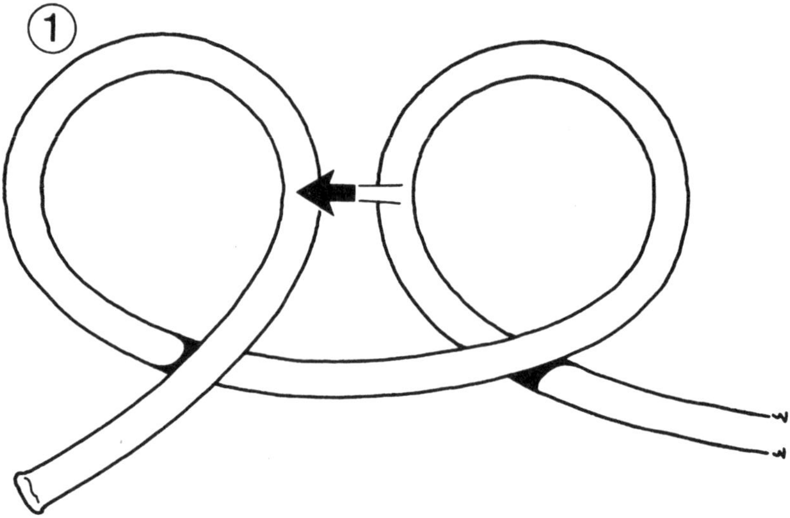

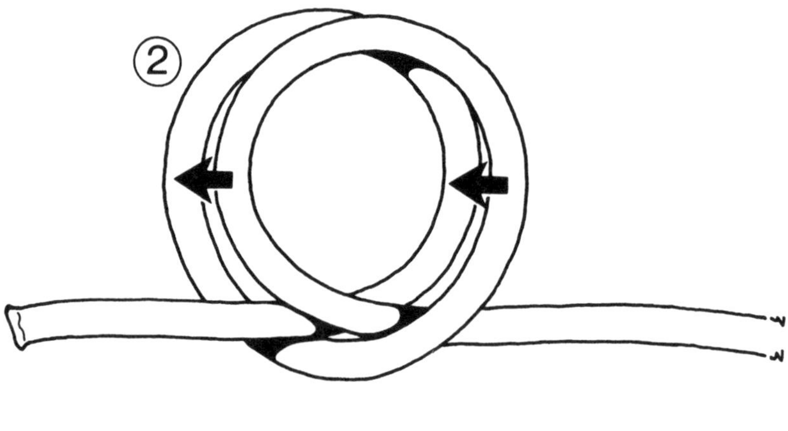

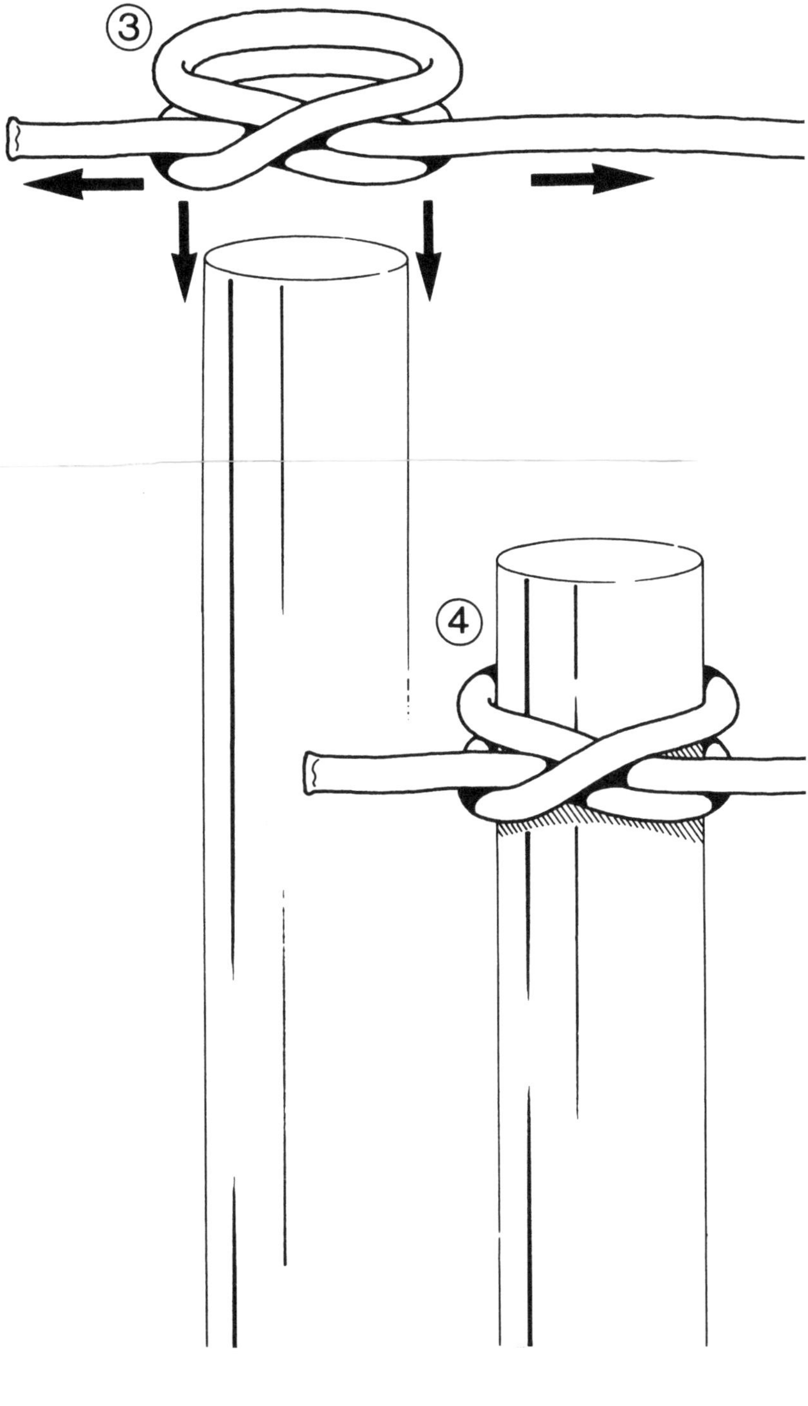
3
4

Webeleinenstek über einem Ring

Diese Variante ist beim Klettern und Bergsteigen sehr gebräuchlich, um die Seillänge zwischen Kletterer und Kletterhaken zu regulieren. Da beim Segeln der Ring meist feiner ist als die Leine, würde die ständige Belastung des Seils zu einer gefährlichen Beschädigung durch Scheuern führen.

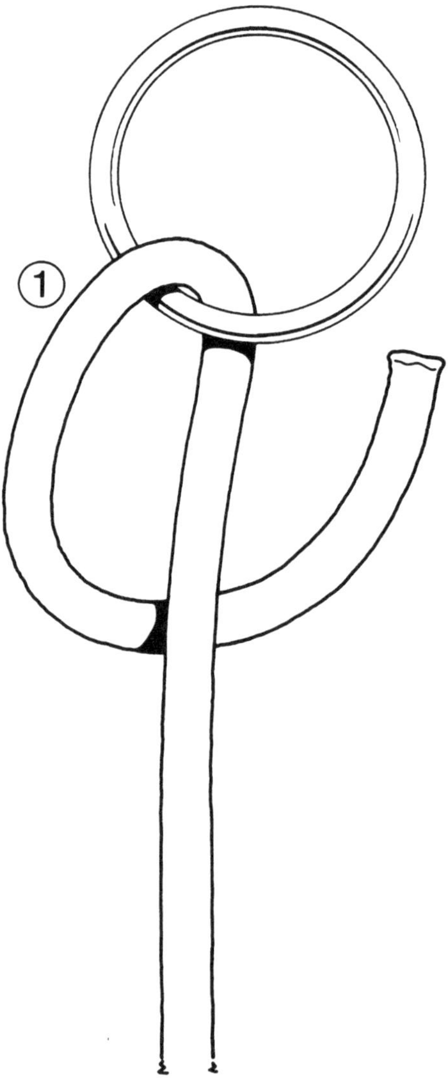

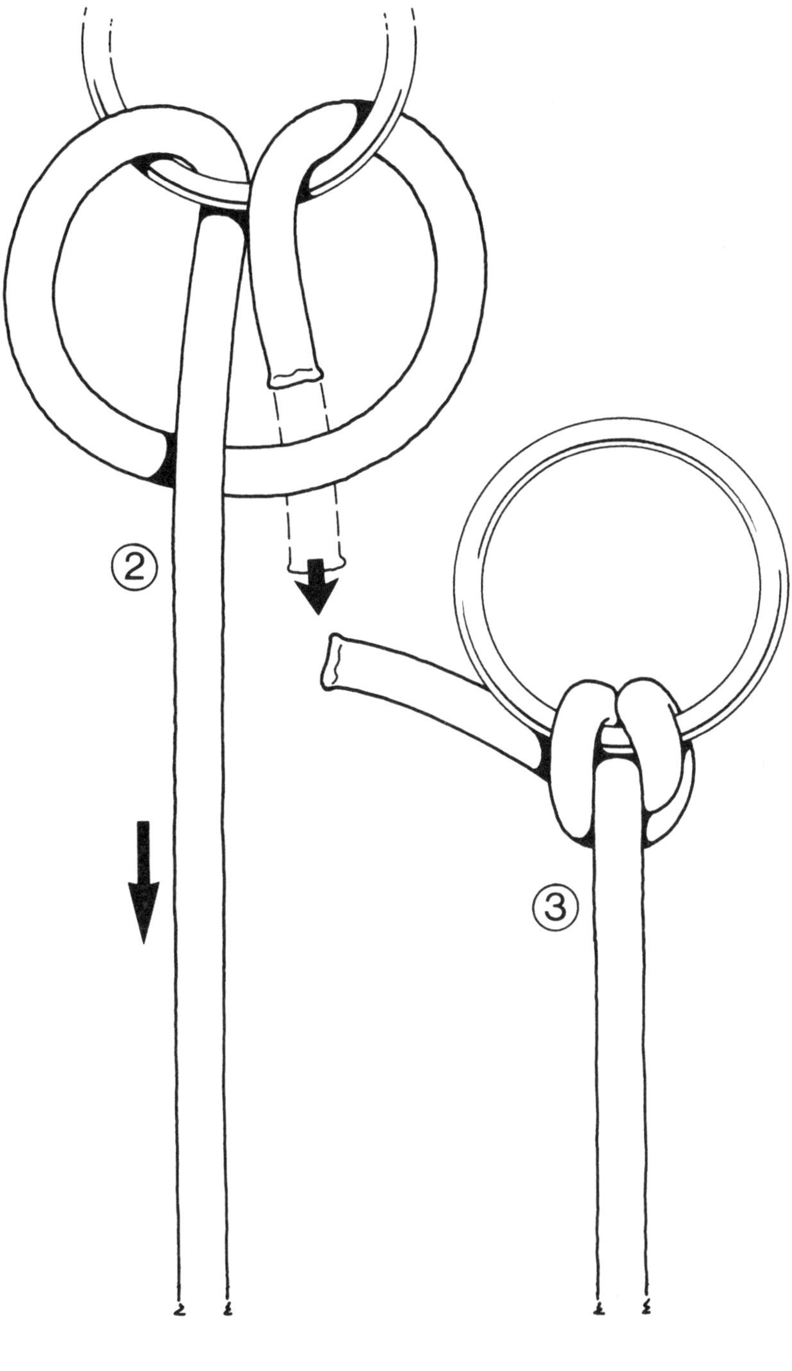
②
③

Konstriktorknoten

Dieser feste Knoten schlippt nicht und ist ein beliebter Mehrzweckknoten. Er hat zahllose Verwendungsmöglichkeiten. Man kann ihn zum Verschließen von Rupfensäcken oder Stofftaschen sowie als dauerhaften oder vorläufigen Takling bei Seilenden benutzen. Schreiner verwenden ihn, um zwei Teile während des Leimens in Position zu halten.
Man bindet den Knoten, indem man mit dem Seil zwei Törns vornimmt und in der zweiten Drehung einen Überhandknoten knüpft. Das linke Ende wird dann unter den ersten Törn gesteckt. Den Überhandknoten fixiert man durch eine gekreuzte Drehung. Der Konstriktorknoten greift fest und löst sich nicht. Wenn man vermeiden will, ihn aufschneiden zu müssen, sollte der letzte Durchstich mit einer Bucht zu einem Schlippknoten ausgebildet werden.

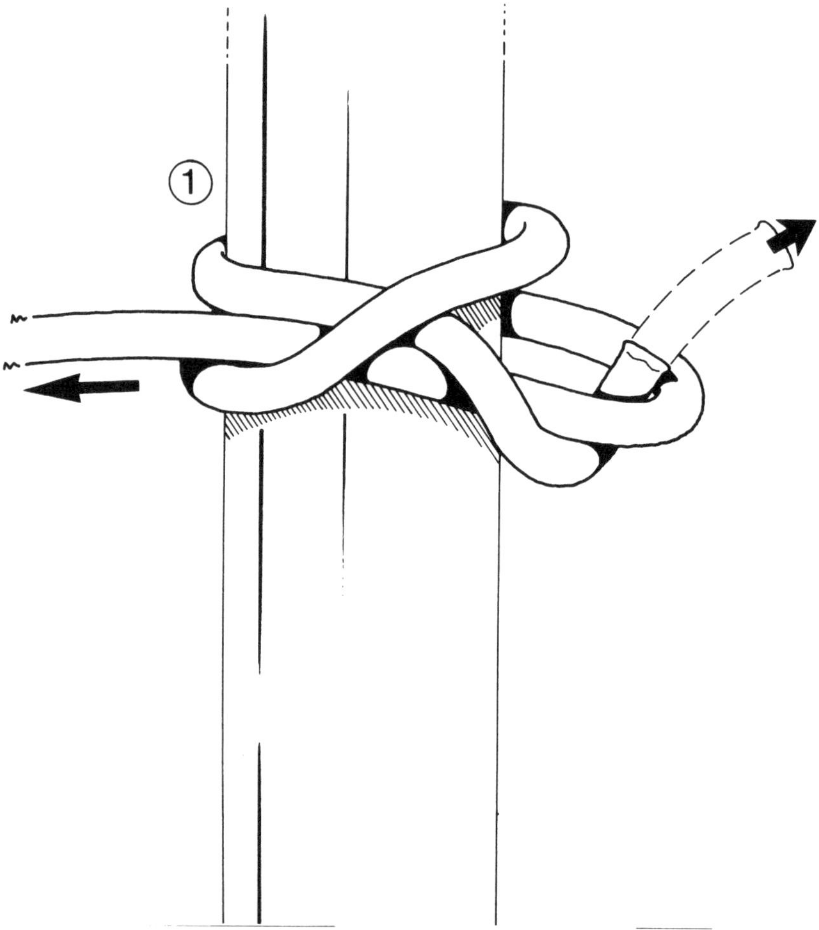

2

Riegelknoten

Dieser ähnelt dem Konstriktorknoten (siehe Seite 86). Er wird dazu verwendet, sich kreuzende Teile aus festem Material zu verbinden, und hat eine Vielzahl von Anwendungsmöglichkeiten bei Freizeitaktivitäten. Man benutzt Riegelknoten zum Beispiel, um Paddel, Ski oder Fahrräder am Gepäckträger zu befestigen. Gärtner finden diesen Knoten hilfreich, wenn es darum geht, ein Gitterwerk herzustellen oder Bohnen hochzubinden. Die Knotenenden können ordentlich gestutzt werden. Wenngleich der Riegelknoten aufgehebelt werden kann, ist es doch häufig einfacher, die Diagonale durchzuschneiden.

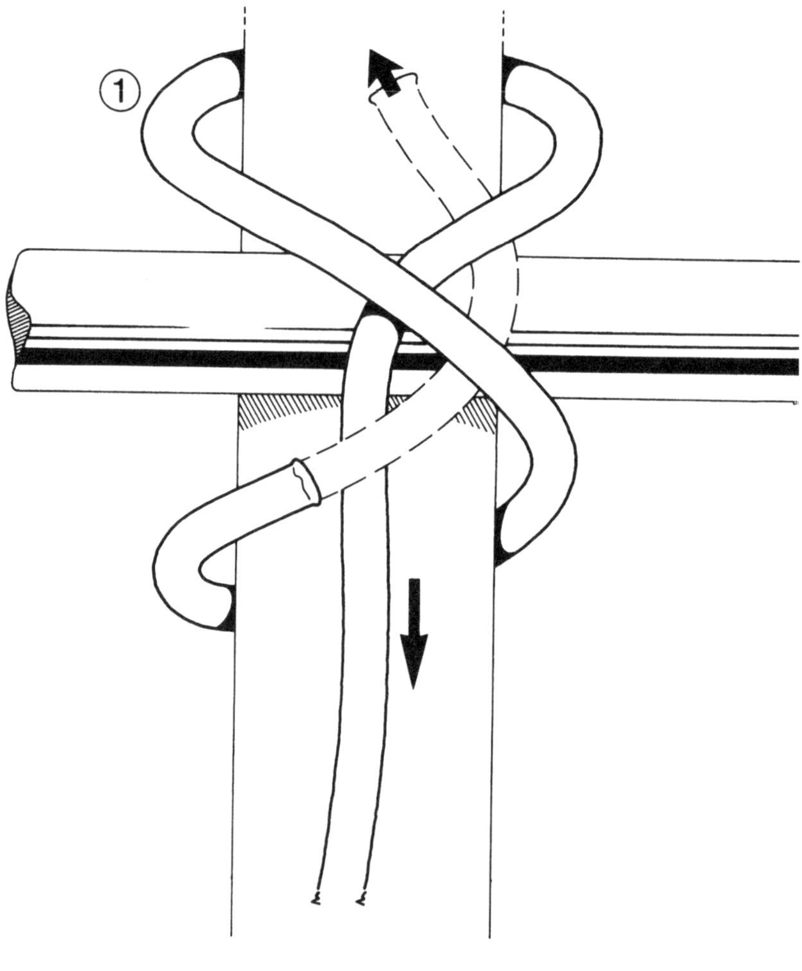

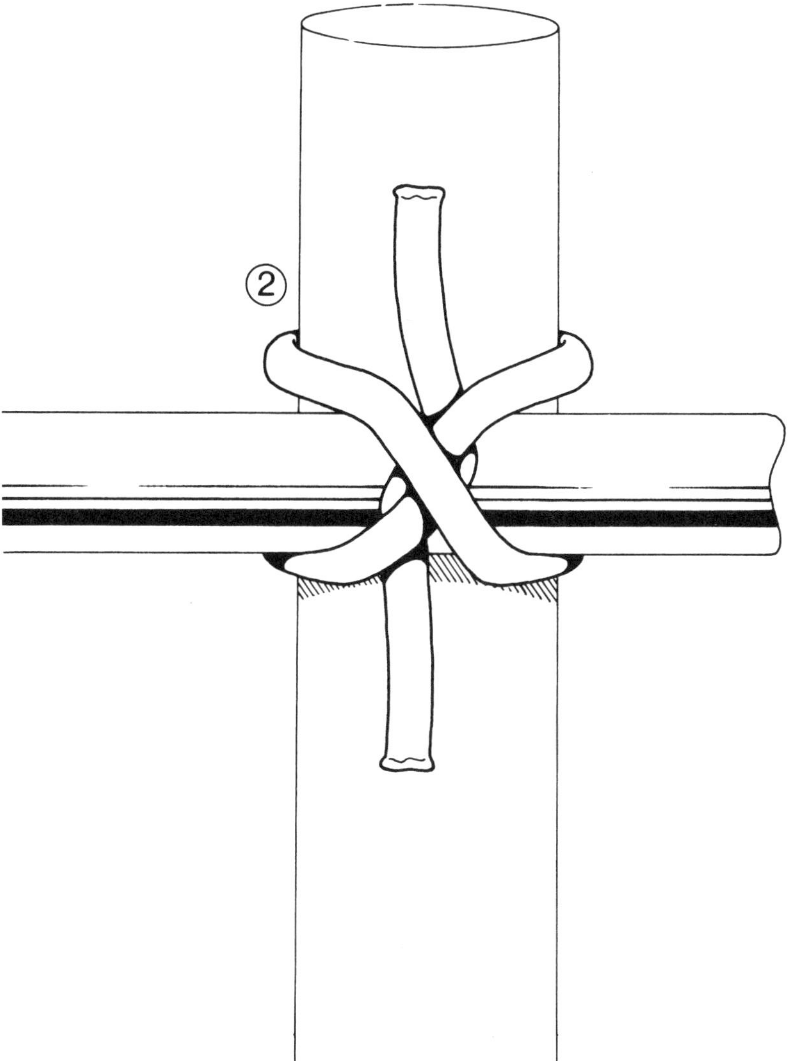
2

Pfahlstek

Der Pfahlstek ist ein ordentlicher und praktischer Knoten, um Gegenstände an einem Pfosten zu befestigen, und eignet sich bestens für das vorübergehende Vertäuen eines Bootes. Der große Vorteil dieses Steks liegt in seiner schnellen Lösbarkeit.

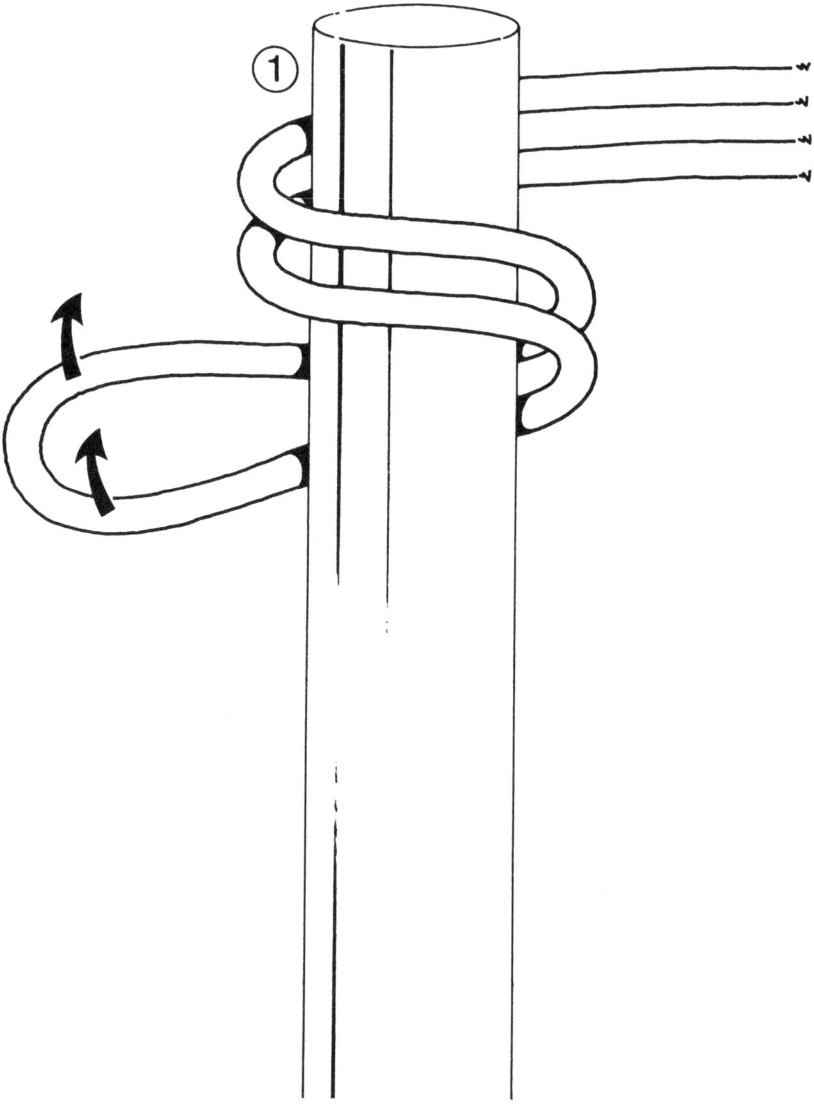

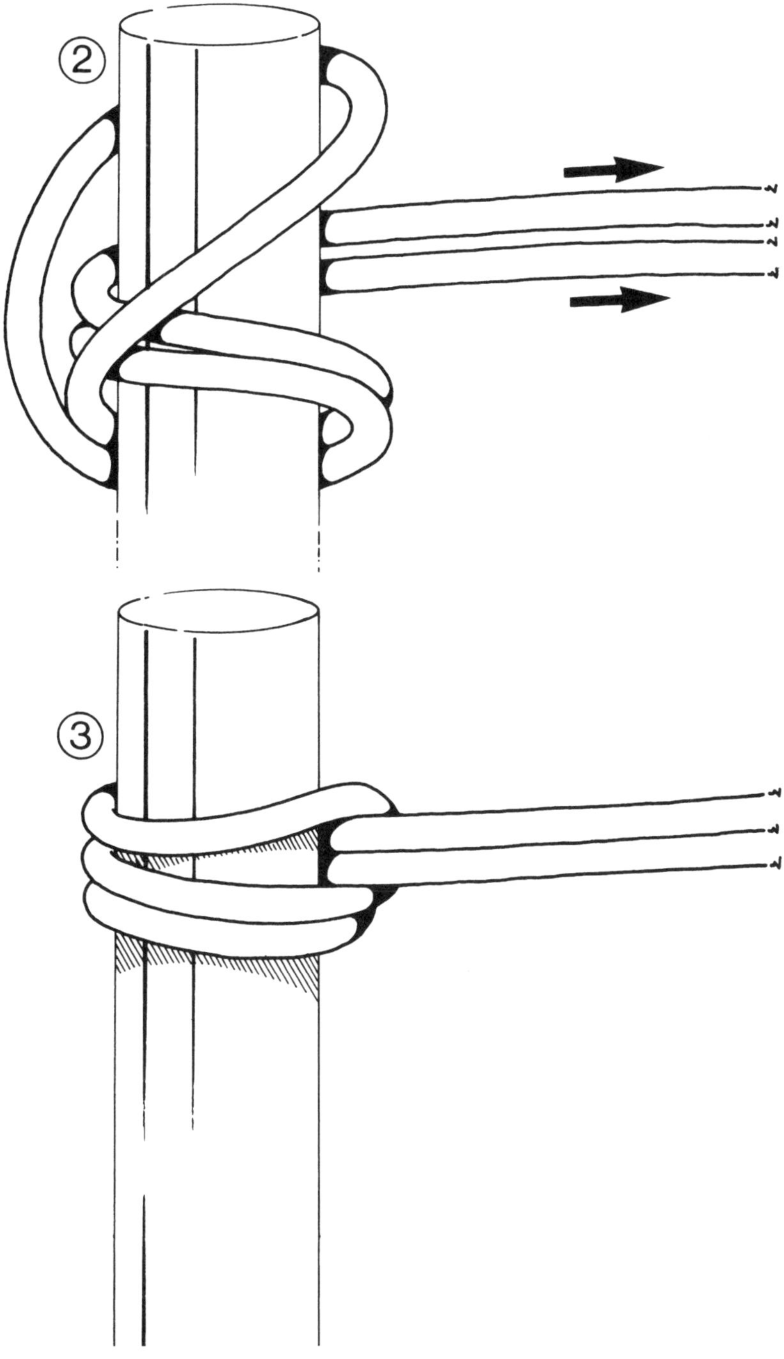
②
③

Rundtörn und zwei Halbsteke

Dieser Knoten ist stark, zuverlässig und bekneift sich nicht. Das macht ihn vielseitig verwendbar. Man kann ihn dazu benutzen, eine Leine an einem Ring, Haken, Pfosten, Masten, Griff, Geländer oder Balken zu befestigen. Boote können sicher vertäut werden. Außerdem eignet sich dieser Knoten auch für schwere Lasten. Ein weiterer Vorteil liegt darin, daß ein Ende mit einem zweiten Knoten verknüpft werden kann, sobald das andere Ende mit einem Rundtörn und zwei Halbsteken gesichert ist. Dies ist besonders hilfreich, wenn man unhandliche, große Gegenstände auf einem Dachgepäckträger befestigen will.

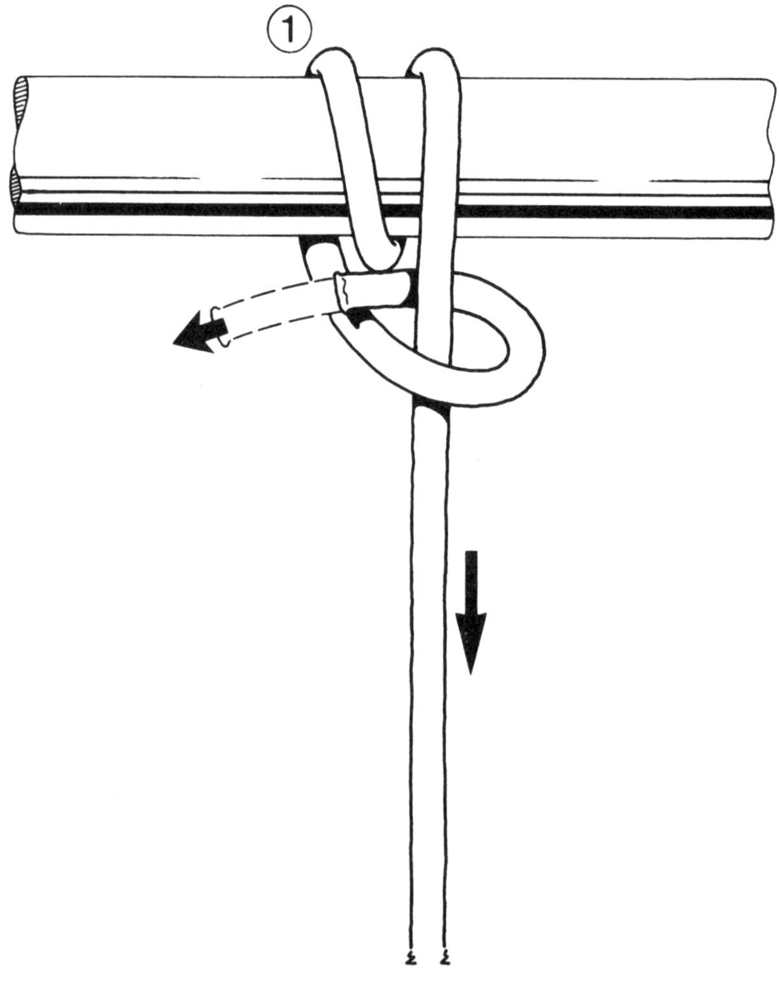

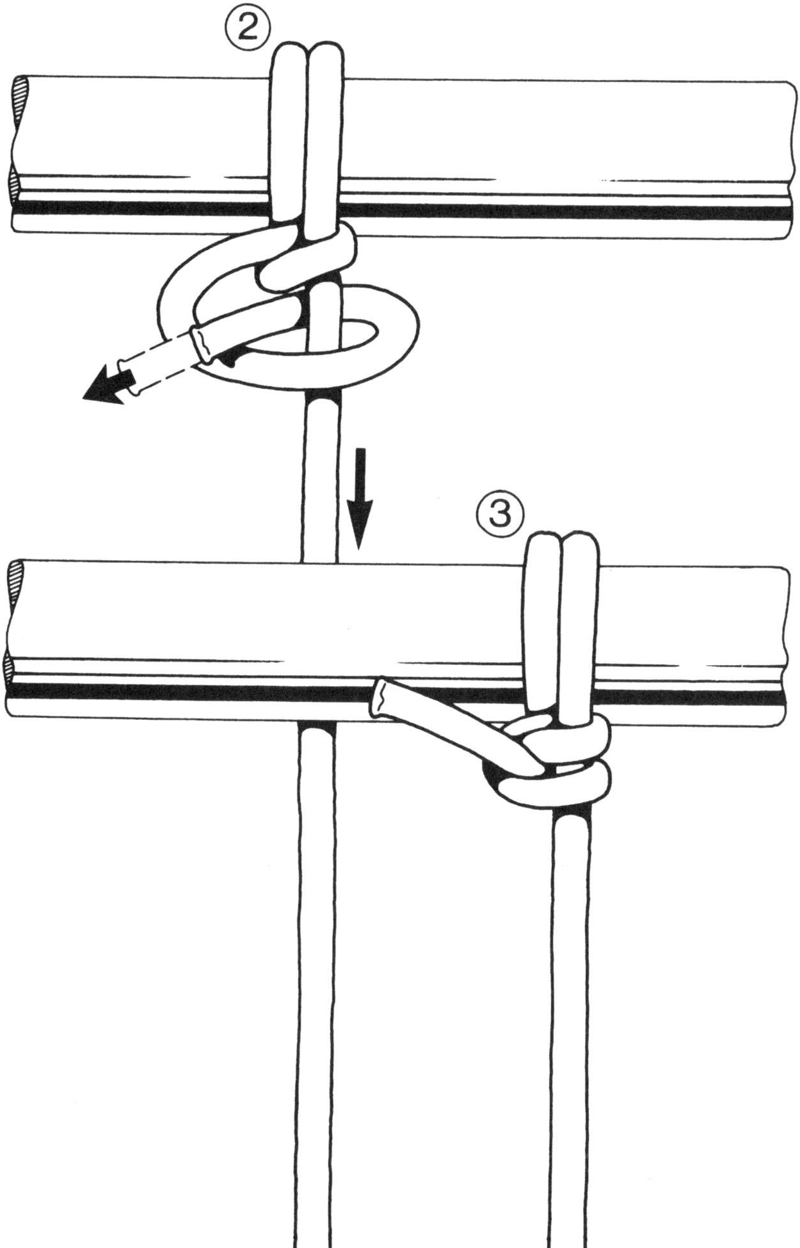
2
3

Fischerstek

Der Fischerstek gehört zu den sichersten und gebräuchlichsten Steken. Er wird gebildet, indem man zwei Törns um den Pfosten und durch den Ring führt und das lose Ende dann durch beide Törns steckt. Ein ergänzender Halbstek erhöht die Sicherheit.
Seeleute kennen den Fischerstek auch als Ankerstek und benutzen ihn, um Boote am Dock zu vertäuen oder am Ankerring zu befestigen. Bei dieser Verwendung sollte zur Sicherheit zusätzlich noch ein Stopperknoten gebunden werden.

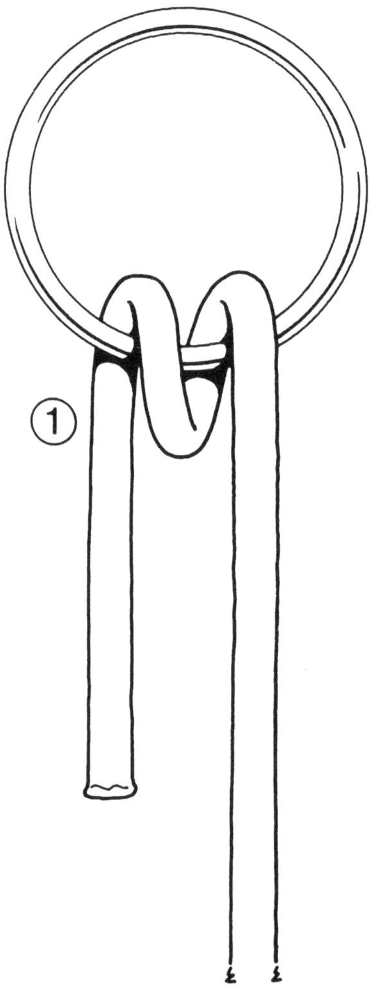

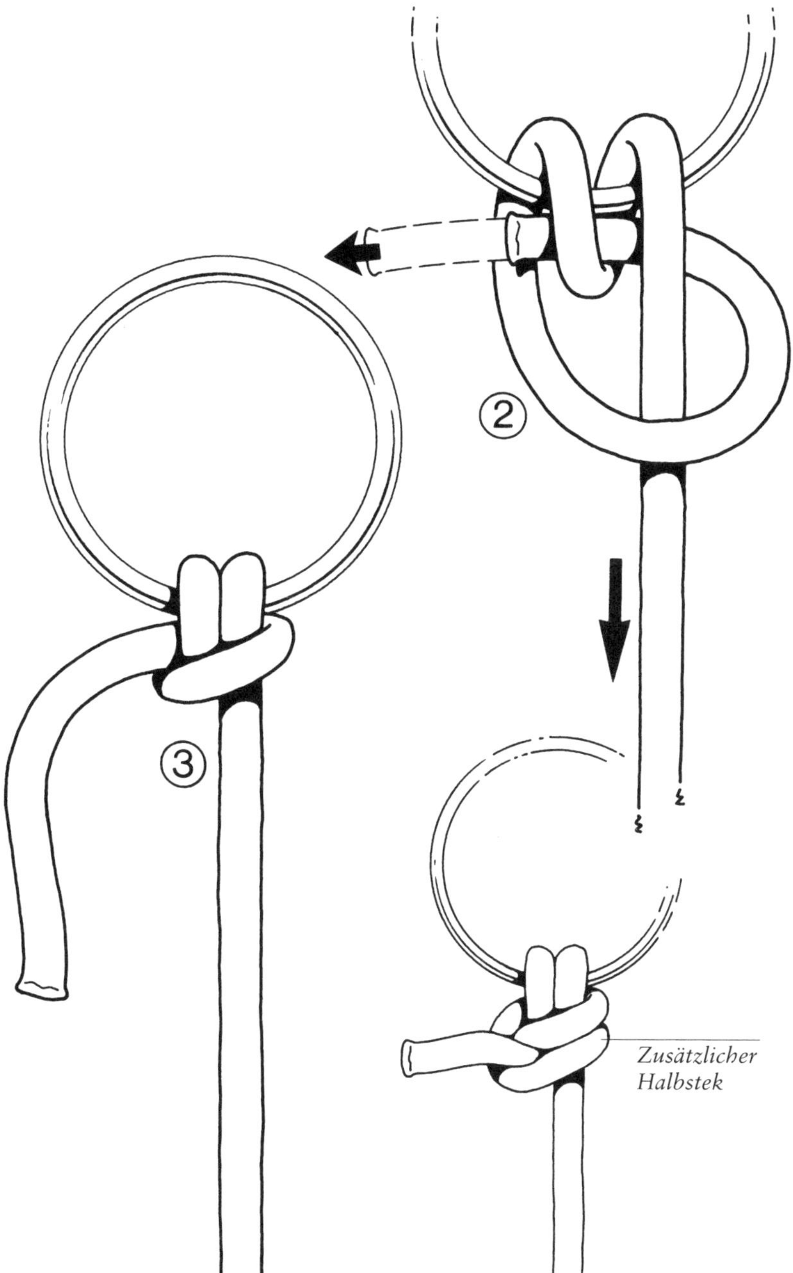
2
3
Zusätzlicher
Halbstek

Straßenräuberstek

Der Name dieses Steks geht auf seine legendäre Verwendung durch Straßenräuber zurück. Er erlaubte es ihnen, die Zügel ihrer Pferde schnell zu lösen und gewährleistete so eine schnelle Flucht. Ein Zug am losen Ende, und der Knoten ist gelöst – deshalb heißt er auch Zugknoten. Die stehende Part dagegen kann unter Spannung stehen. Der Knoten eignet sich zum Anbinden von Tieren, Absenken von Ladungen und zur zeitweiligen Befestigung.

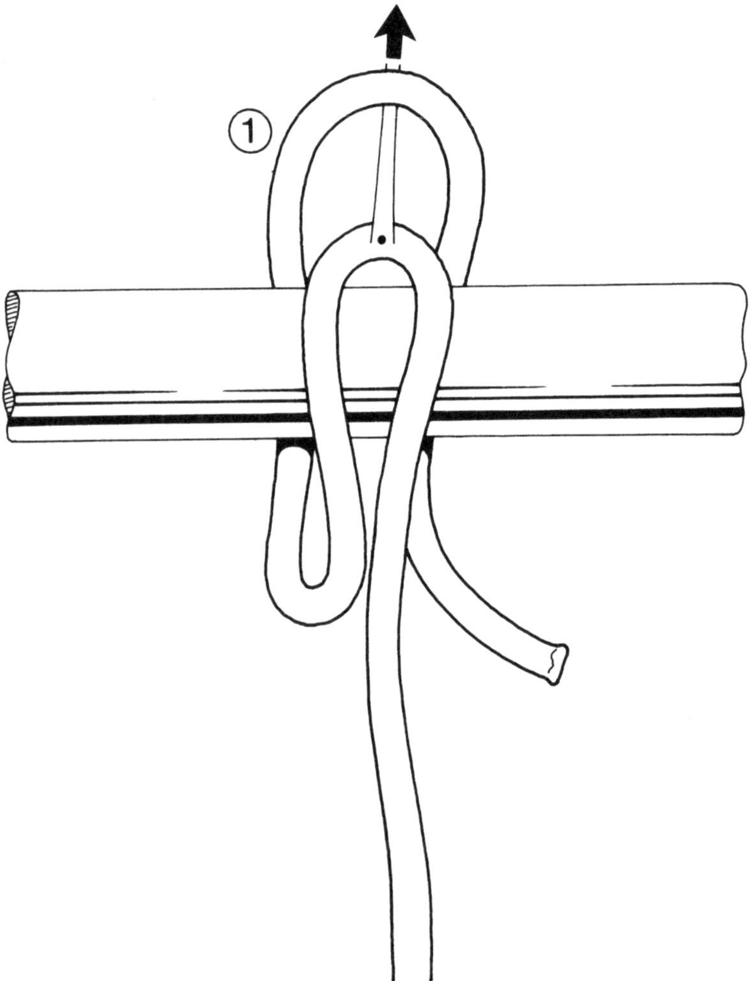

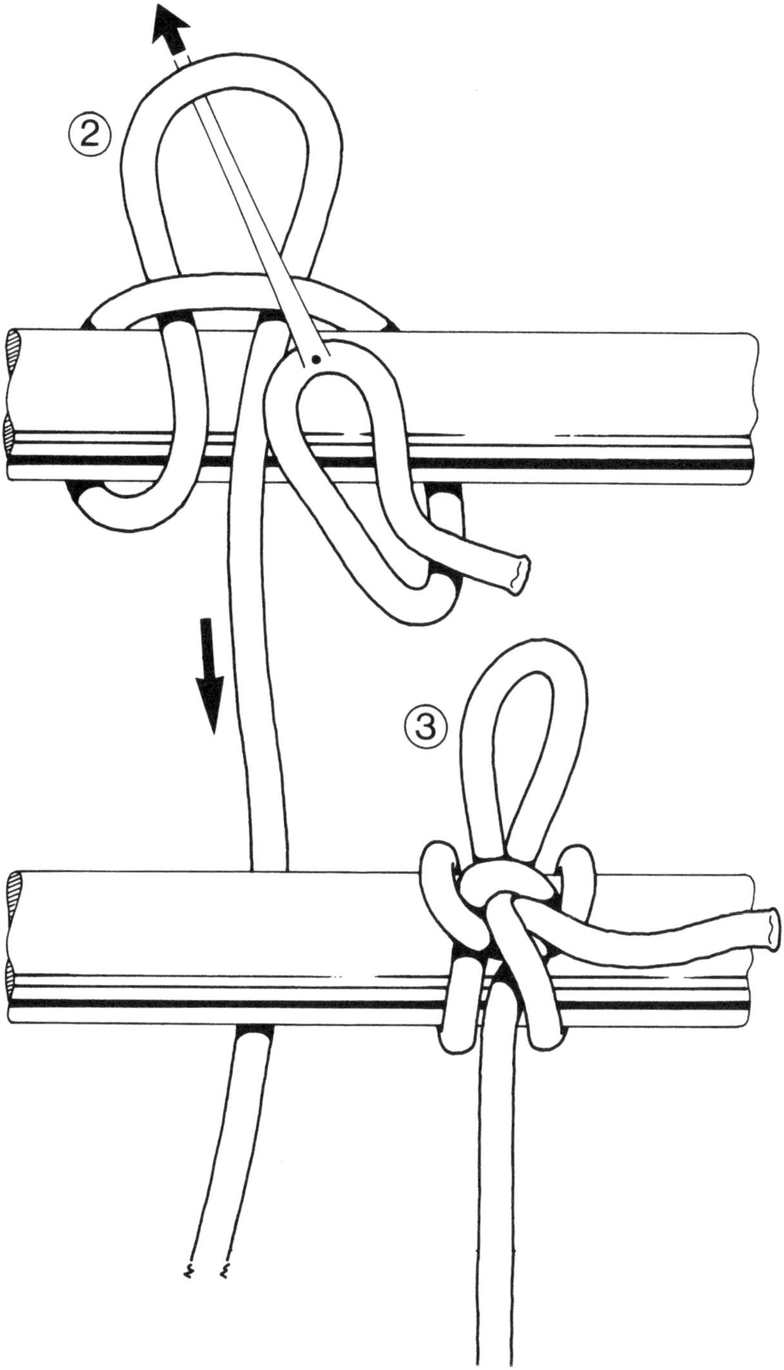
②
③

Fuhrmannsstek

Der Fuhrmannsstek ist für die Verwendung im Freien bestens geeignet. Er ermöglicht es, eine Leine oder ein Seil festzuziehen und jederzeit wieder zu lösen. Aus diesem Grund dient er häufig zur zeitweiligen Sicherung von Gegenständen oder Lasten. Wenn die Leine eng genommen ist, sollte sie mit mindestens zwei Halbsteken gesichert werden.

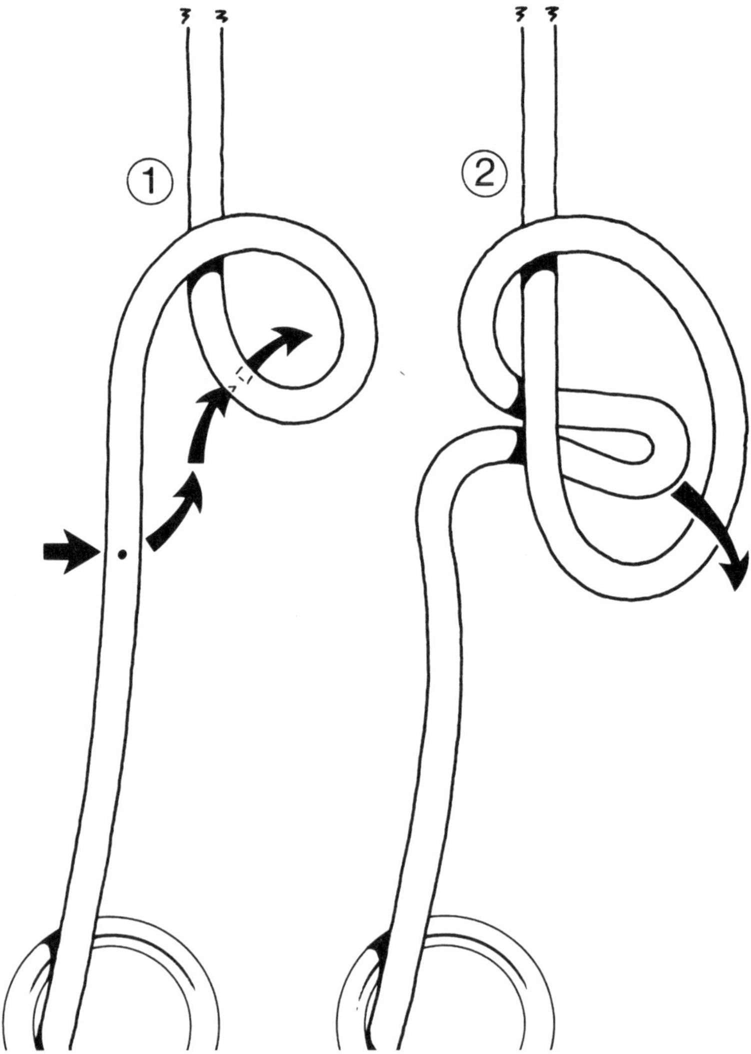

③

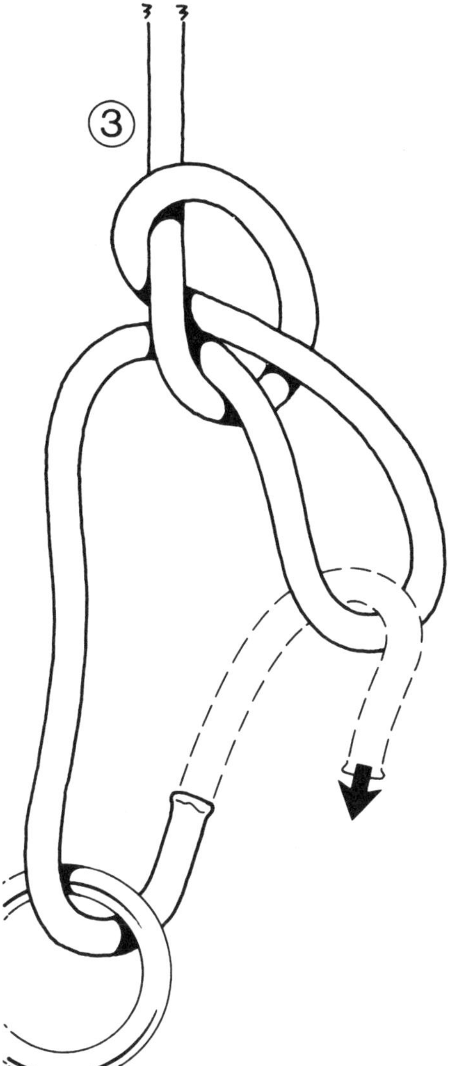

④

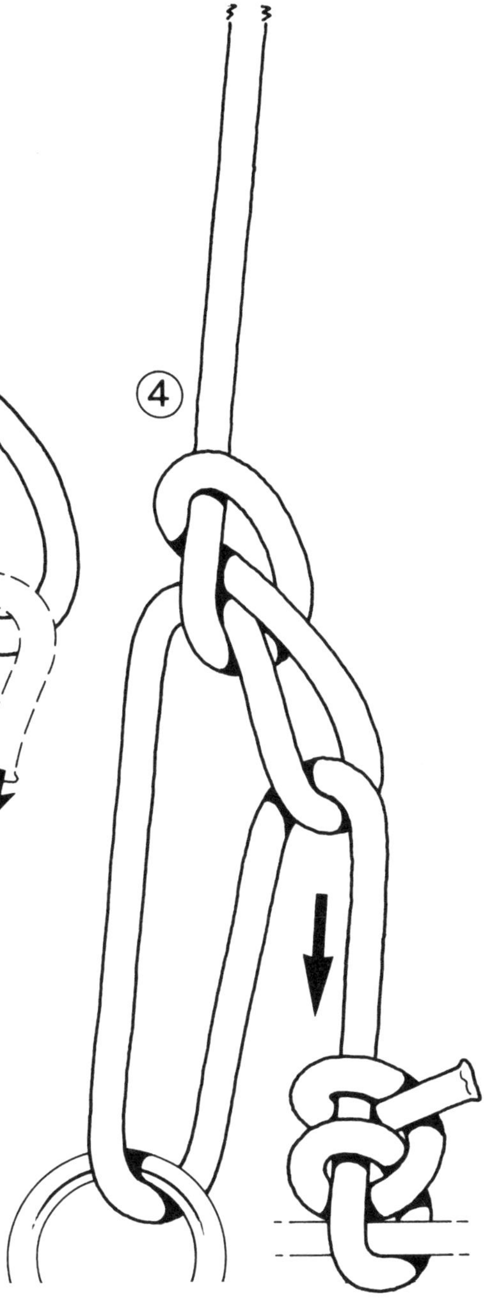

Prusikknoten

Dr. Carl Prusik entwickelte 1931 diesen Knoten. Er wird von Bergsteigern und Kletterern dazu verwendet, Schlingen so am Seil zu befestigen, daß sie zwar ungehindert gleiten, solange der Knoten locker ist, doch bei seitlicher Belastung nicht nachgeben. Er wird beim Abseilen an einer Bergwand angewendet. Der Prusikknoten eignet sich für Personen, die große Höhen erklimmen müssen, und ist für Baumchirurgen, Höhlen- und Felskletterer gleichermaßen hilfreich.
Der Knoten gleitet nicht immer leicht. Sobald die Belastung erfolgt ist, kann er nur gelöst werden, indem man das Gewicht entfernt und die Törns des Seils freilegt. Der Prusikknoten muß mit einem Seil gebunden werden, das beträchtlich dünner ist als das, an dem es befestigt ist. Man darf nicht vergessen, daß er möglicherweise schlippt, wenn das Seil naß oder vereist ist.

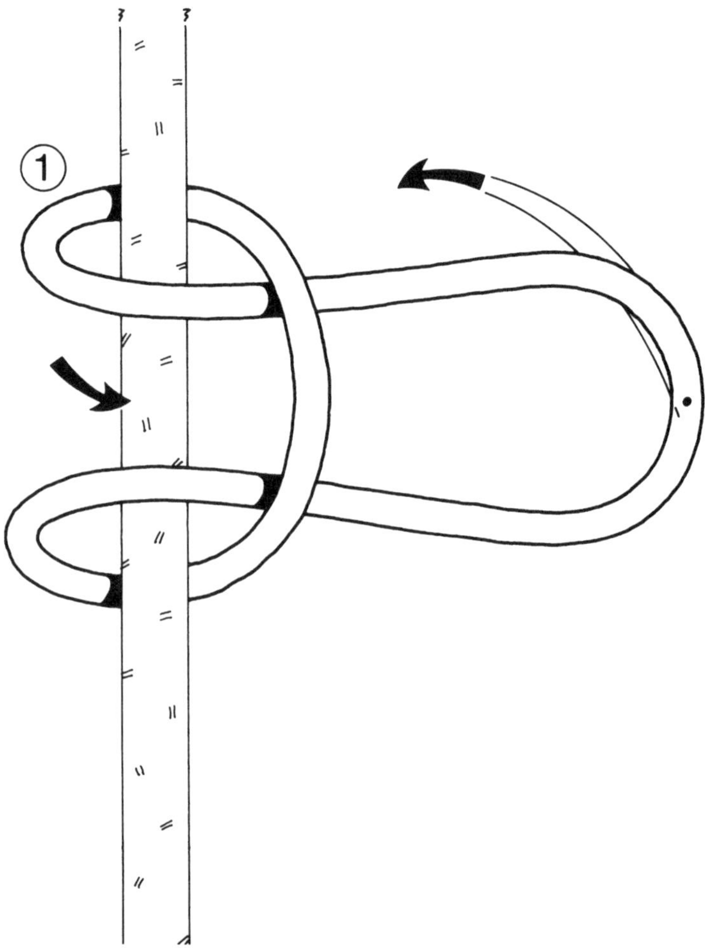

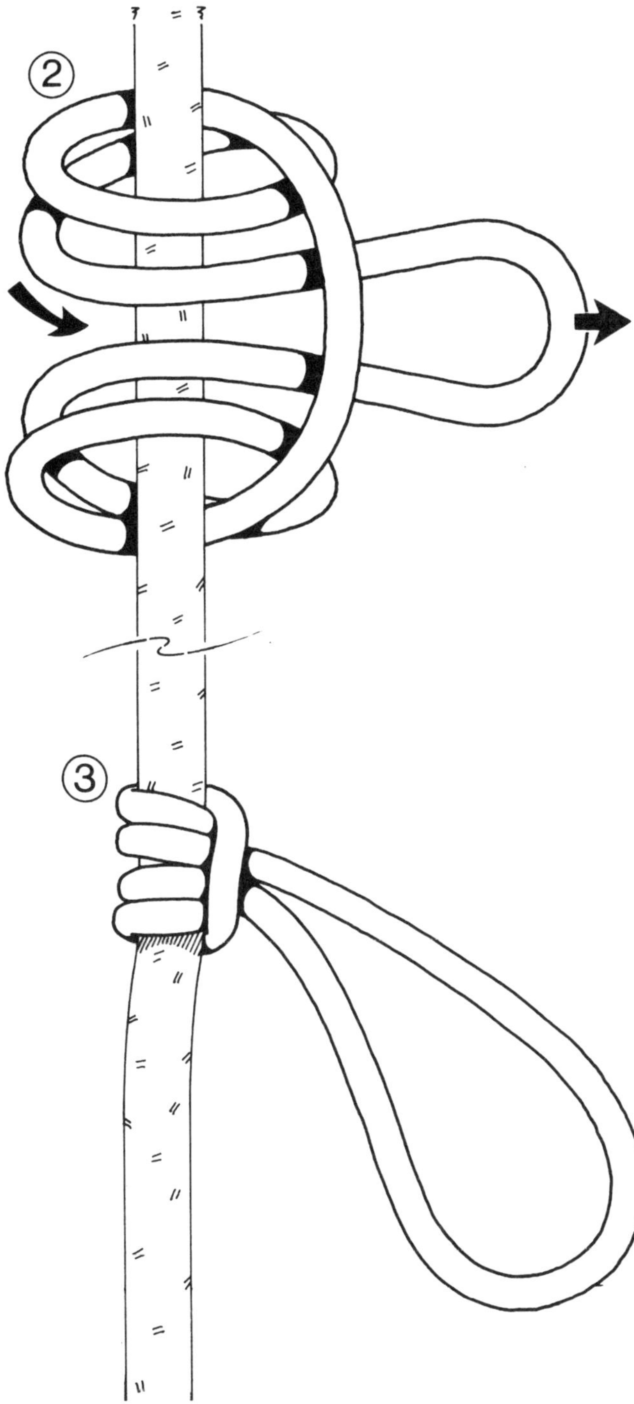
②
③

Rollstek

Dieser Knoten, der auch als Kneifstek bekannt ist, ist im Grunde ein Webeleinenstek, bei dem der erste Törn wiederholt wird. Er wird von Seeleuten und Kletterern verwendet und ist die beste Methode, um eine kleinere Leine (zum Beispiel Reepschnur) an einer größeren, die unter Belastung steht, zu befestigen. Wenn das leichtere Seil senkrecht zum schwereren verläuft, kann der Knoten leicht verschoben werden. Doch er zieht sich fest, sobald seitlicher Zug auf das leichtere Seil ausgeübt wird. Wenn man die Hand über den Knoten legt und ihn entlang des dickeren Seils verschiebt, gleitet er über das Ende und löst sich in ein gerades Stück Seil. Beim zeitweiligen Vertäuen bietet der Rollstek mehr Sicherheit als der Webeleinenstek. Man benutzt ihn auch gern zum Heben von Rohren und langen Gegenständen.

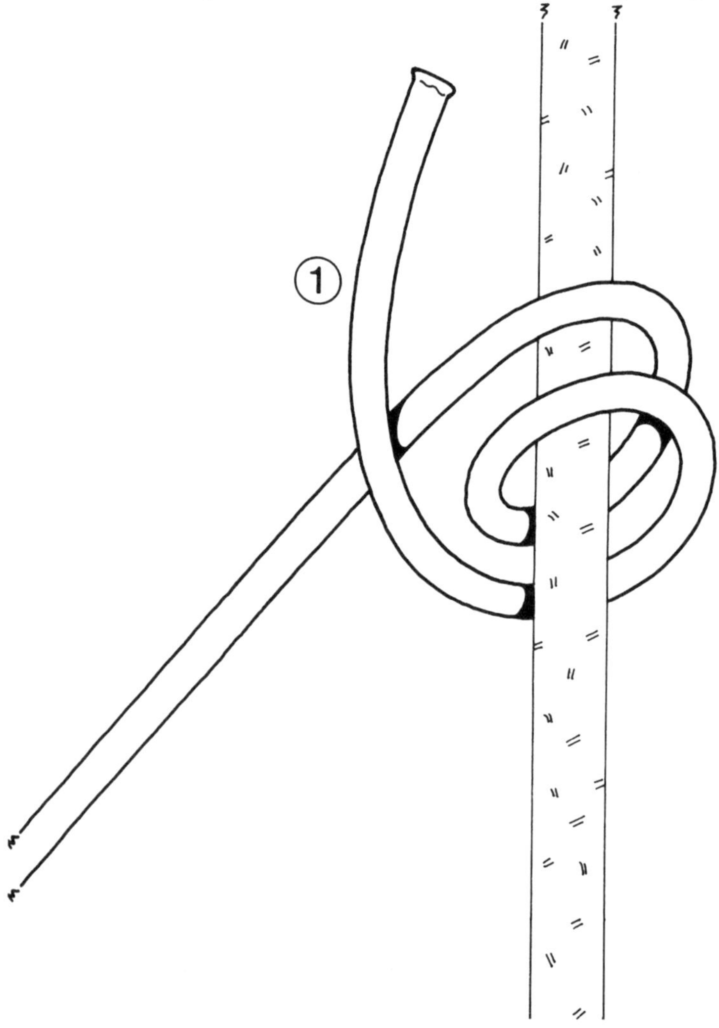

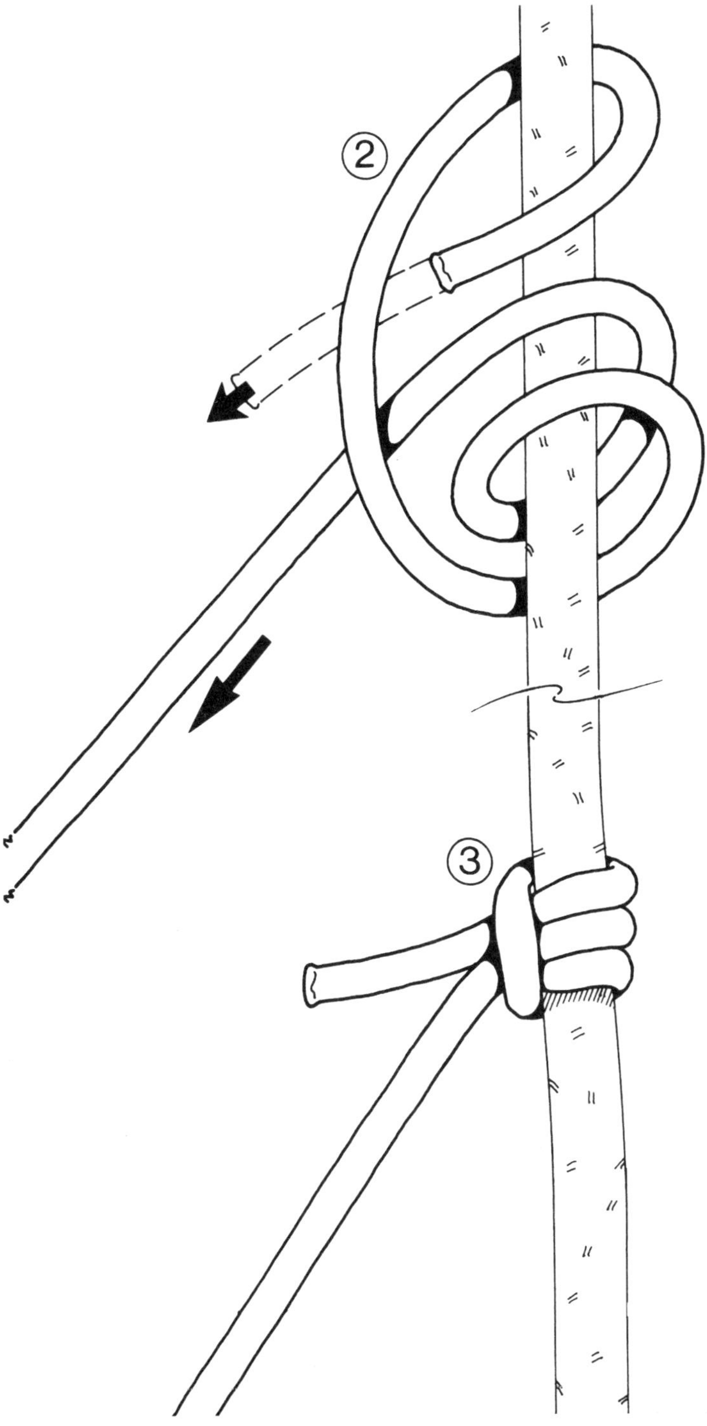
2
3

Mastwurf

Der Mastwurf ist ein moderner Kletterknoten, der zum Sichern verwendet wird. 1974 wurde er in das Knotenlexikon für Bergsteiger aufgenommen. Sein Hauptvorteil liegt darin, daß er die energetische Kraft eines Falls auffangen kann.

Das Seil wird um und durch einen Karabiner geführt und blockiert, falls ein Kletterer stürzt. Man kann auch mehr oder weniger Kletterseil ausgeben, je nachdem, ob ein lockeres oder gespanntes Seil benötigt wird.

Dieser Stek ist die offizielle Sicherungsmethode (das heißt die Methode zur Befestigung eines laufenden Seils an einem Felsen oder Keil) der Union Internationale des Associations d'Alpinisme (UIAA). Der größte Nachteil dieses Knotens ist der, daß er leicht falsch gebunden wird.

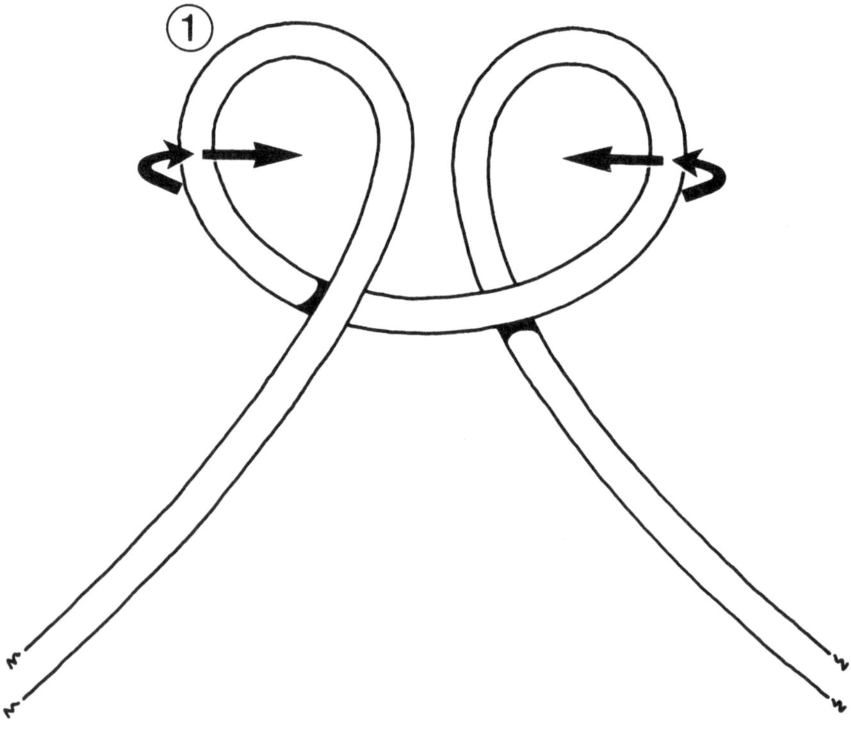

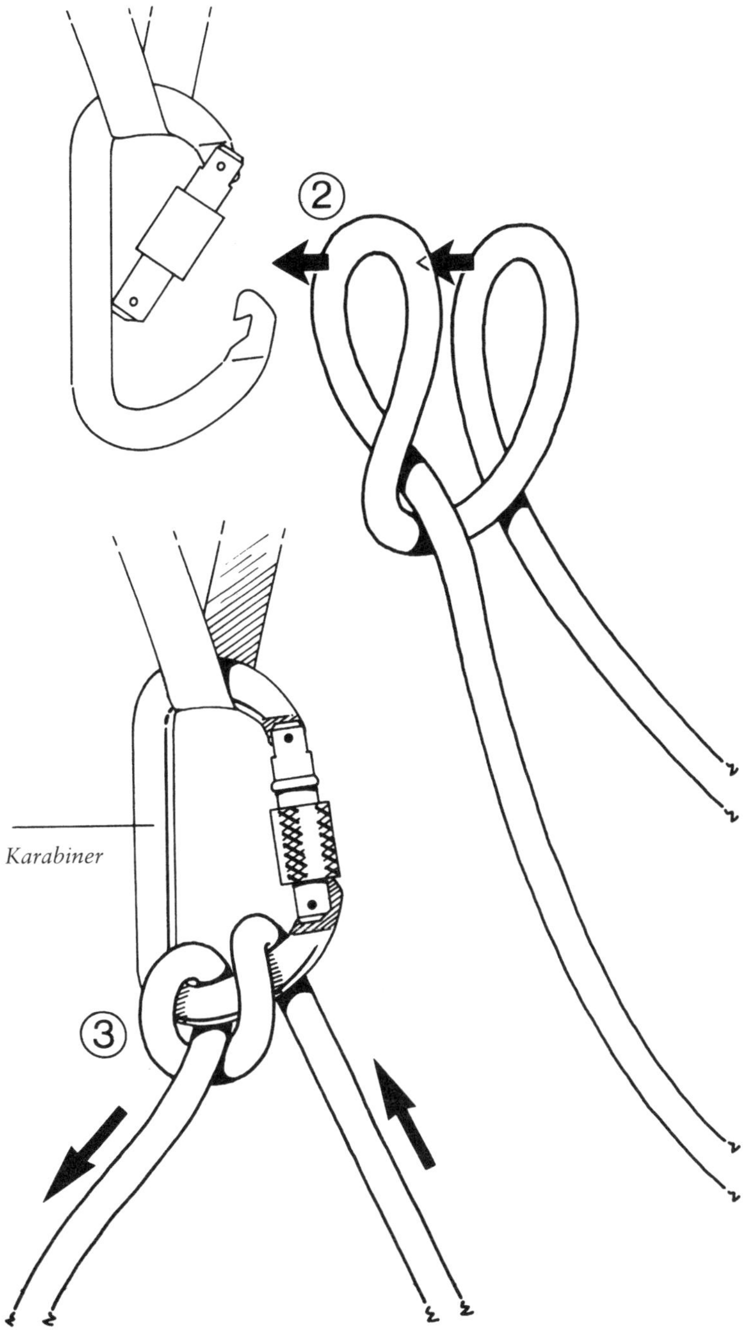
2
Karabiner
3

Schnabelstek

Der Schnabelstek eignet sich für Seile mit großem Durchmesser und ist hilfreich, wenn ein Knoten schnell gebunden und gelöst werden muß. Beim Segeln ist er nicht gebräuchlich, doch beim Zelten wird er gern verwendet. Auch beim Heben leichter Gegenstände ist er von Vorteil.

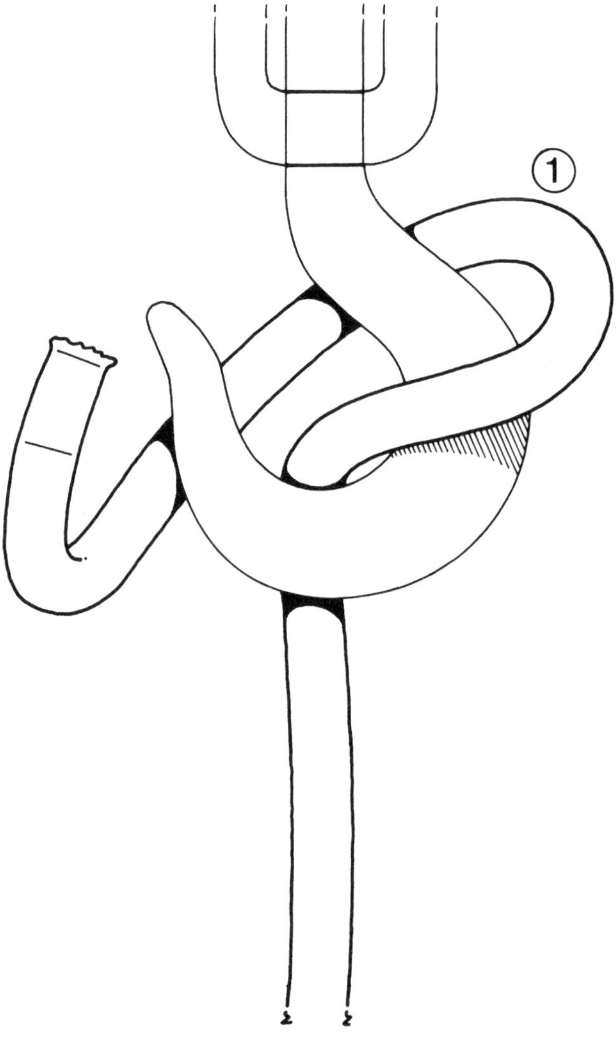

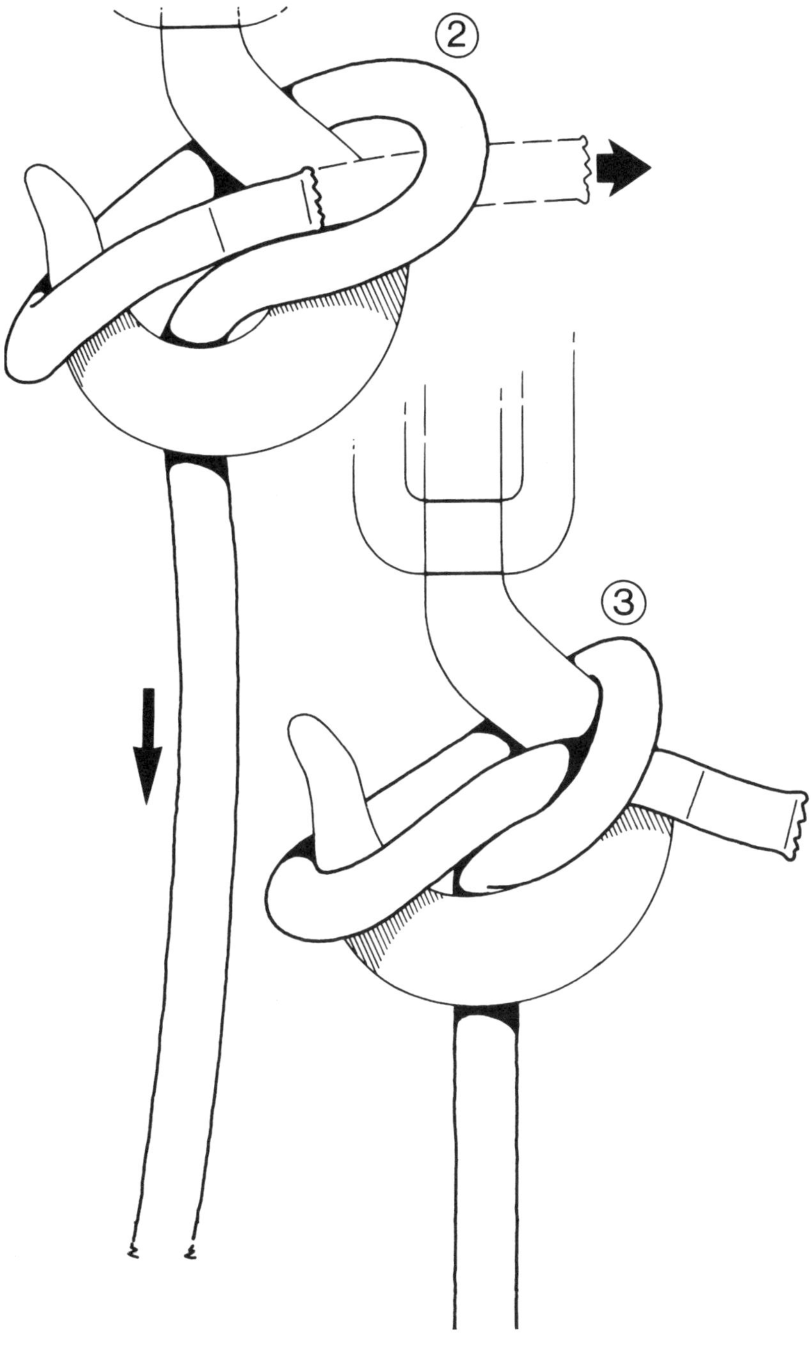
②
③

Katzenpfote

Dieser Knoten ist bestens für Seilwerk mittleren Durchmessers geeignet, da sich die Belastung gleichmäßig auf beide Seiten verteilt. Auf den Docks und bei der Seefahrt wird er schon seit langem zum Heben schwerer Ladungen verwendet. Unter dem Namen »Katzenpfote« ist er seit dem 18. Jahrhundert bekannt. Wenn man eine Einzelpart eines belasteten Seils über einen Haken leitet, führt dies zu einer Schwächung um ein Drittel. Die festgezogene »Katzenpfote« gleicht die Belastung aus und vermittelt zusätzlich die Gewißheit, daß – für den Fall, daß ein Teil reißt – der andere so lange hält, bis die Last sicher auf den Boden abgesenkt ist.

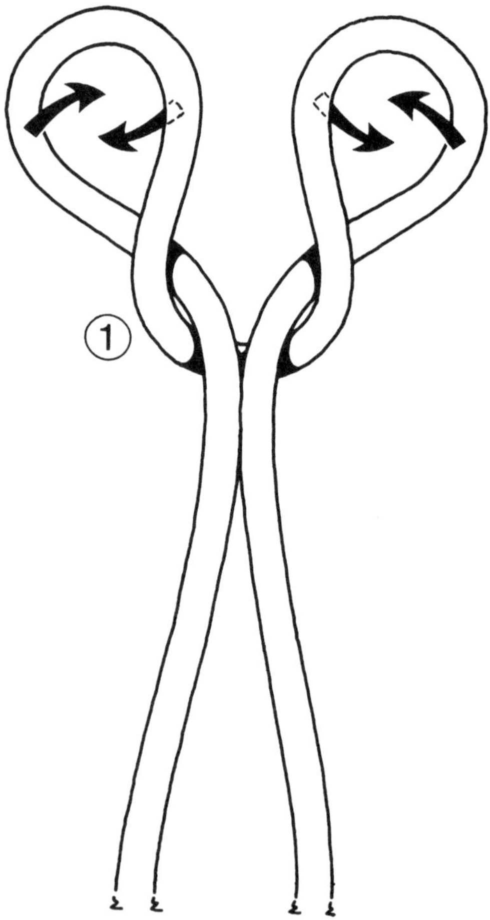

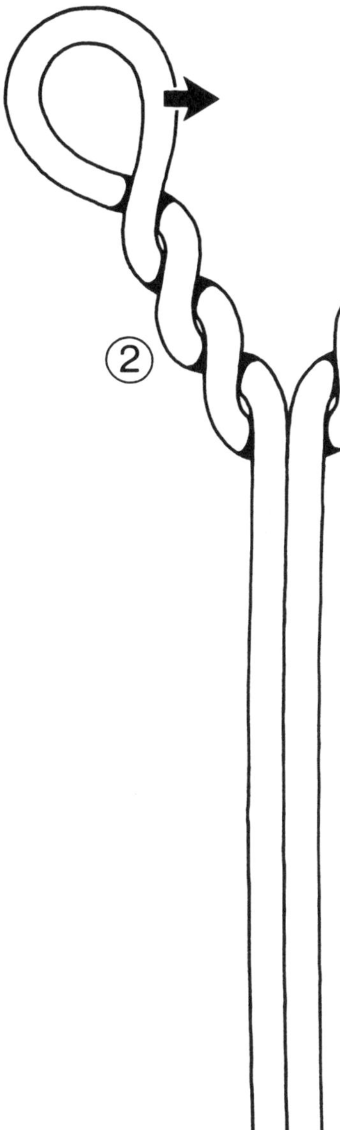
2

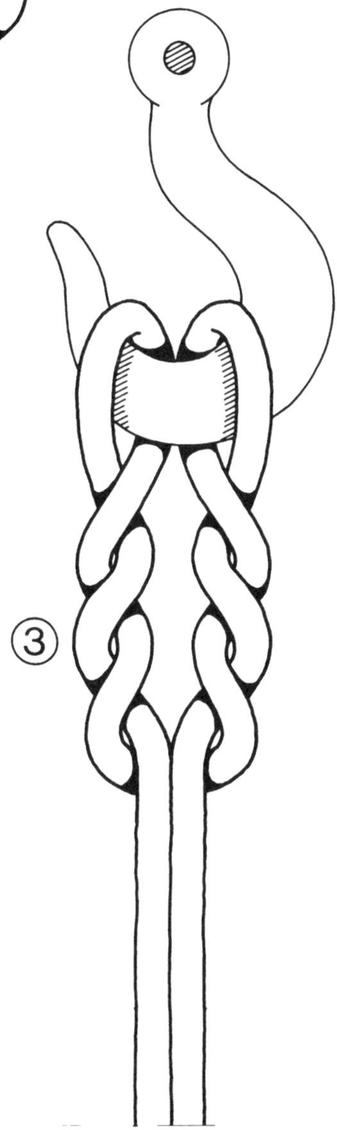
3

Holzfällerknoten

Der Holzfällerknoten ist ein provisorischer Stek, der um Gegenstände, wie Baumstämme, Planken und Masten, gelegt wird, um diese zu ziehen, zu schleppen, zu heben oder zu senken. Er entsteht, indem man das lose Ende auf sich selbst zurückführt und einige Male um die eigene Part (nicht die stehende Part des Steks) dreht. Wenn der Gegenstand sehr dick ist, kann man zusätzliche Drehungen vornehmen. Der Holzfällerknoten ist ein sehr nützlicher Stek, der schnell gebunden werden kann, sicher ist und sich nicht bekneift. Der Nachteil für Anfänger ist, daß einem beim Binden leicht ein Fehler unterläuft.

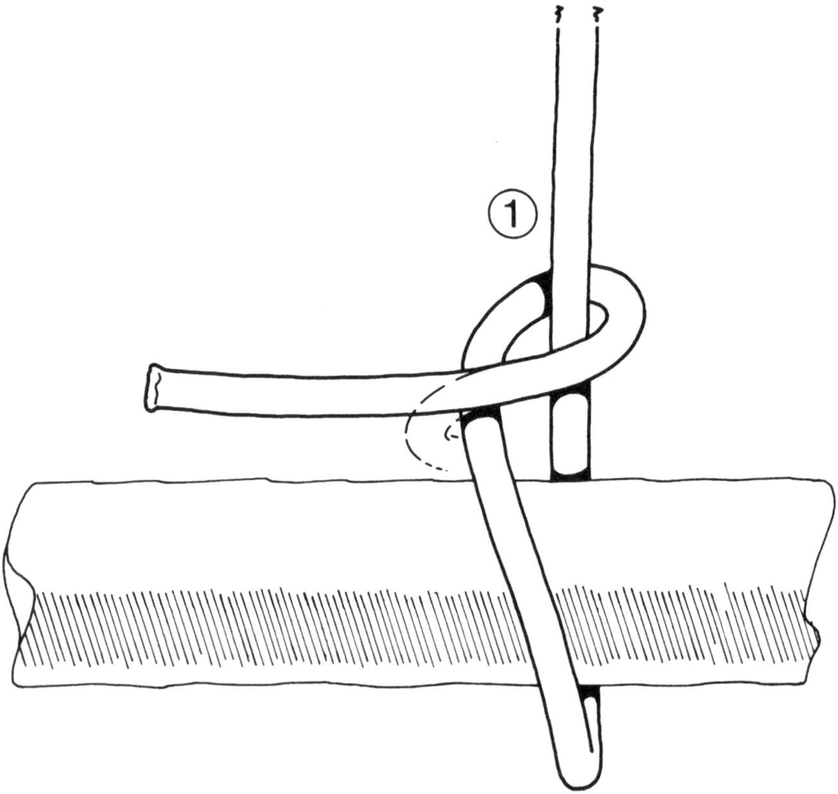

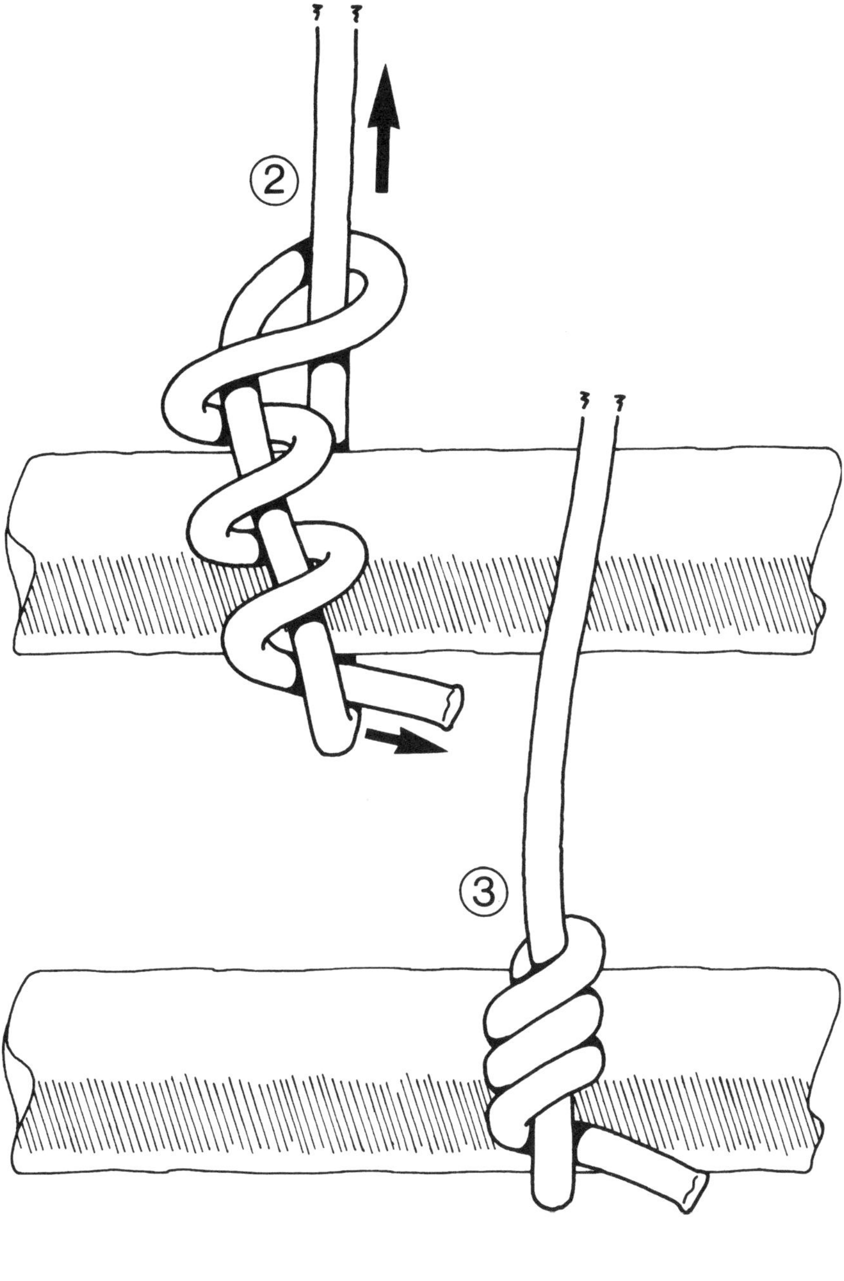
2
3

Ankerstek

Dieser Stek ist eine Variante des Holzfällersteks und kommt vor allem beim Ziehen und Schleppen zum Einsatz. Er entsteht, indem man zuerst einen Holzfällerknoten bindet (siehe Seite 110) und dann in einiger Entfernung einen Halbstek hinzufügt.

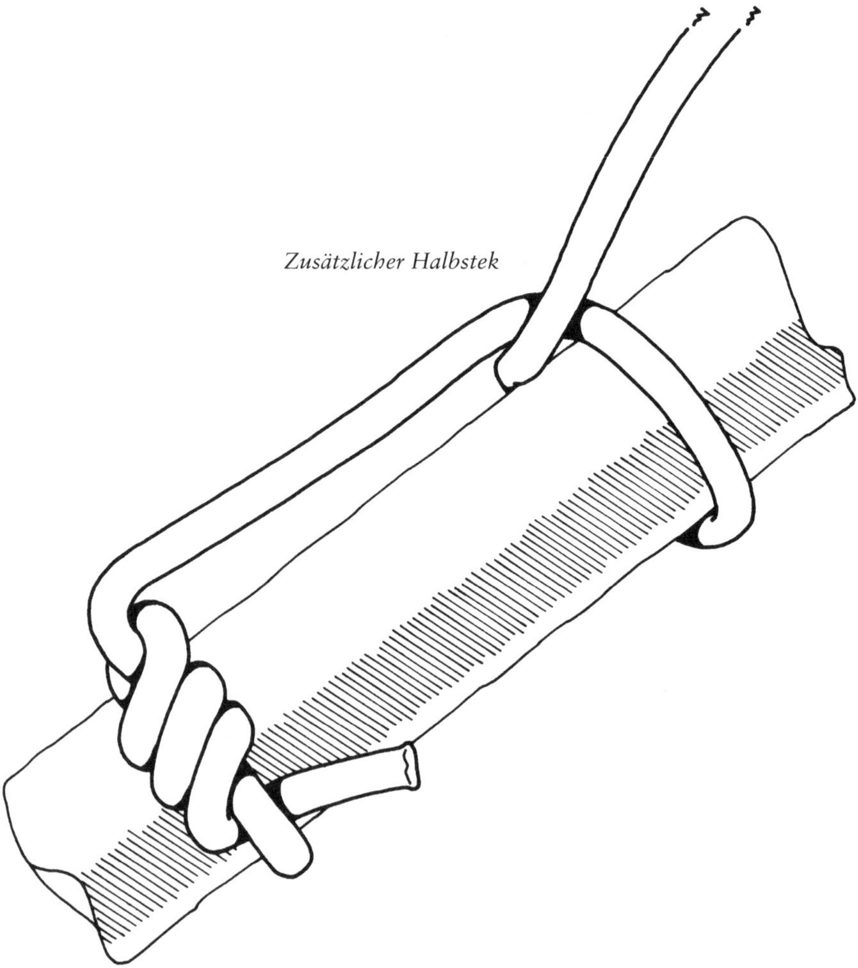

Fischerknoten

Verschiedene Arten von Fischerknoten sind über Jahrtausende in Verwendung. Seit undenklichen Zeiten und in allen Gesellschaften ersannen die Menschen Methoden, um Haken an Leinen zu befestigen. Aus diesem Grunde ist es nicht verwunderlich, daß es für diesen Zweck solch eine Vielzahl von Knoten gibt. Sie sind das Ergebnis von Phantasie, Einfallsreichtum und Perfektionsstreben. Wenngleich sie theoretisch in die vorher beschriebenen Gruppen (Stopperknoten, Steke, Schlingen etc.) eingeteilt werden können, sind sie unter diesen Namen nicht bekannt (für Angler sind sie alle Knoten). Gewöhnlich werden sie nicht nach ihrer Knüpfart, sondern nach ihren Funktionen klassifiziert.

Fischerknoten werden aus feinen Monofilschnüren gebunden und an oft winzigen Haken befestigt. Die Knoten müssen richtig und fest geknüpft sein, um ihren Zweck zu erfüllen. Das Binden der Knoten erfordert Übung und beträchtliche Fingerfertigkeit. Ein kaltes Flußufer, Dämmerlicht und nasse, feuchte Hände sind keine idealen Umstände, um einen bestimmten Knoten zum ersten Mal zu binden. Aus diesem Grund ist es sinnvoll, zu Hause zu üben, bis man jeden Knoten beherrscht und sich zutraut, ihn vor Ort schnell und sicher zu knüpfen. Es gibt eine Unzahl von Fischerknoten. Doch wenn Sie mit den auf den folgenden Seiten beschriebenen Knoten vertraut sind, sollten Sie in den meisten Situationen zurechtkommen.

Angelknoten unterscheiden sich beträchtlich von den Knoten, die Segler, Bergsteiger und Camper benützen. Das verwendete Monofilnylon ist fest, stark und flexibel. Die Reißfestigkeit erreicht bis zu 100 Pfund. Aus diesem Grund können einmal geknüpfte Knoten meist nicht mehr gelöst werden. Angelknoten sind oft ziemlich umfangreich, da sie viele Umgänge vereinen. Trotz ihres Umfangs sichert die Feinheit des Materials ihre Stromlinienform, und die Windungen erhöhen ihre Effizienz. Einige Knoten sind angeblich sogar hundertprozentig, das heißt so stark wie eine unverknotete Leine.

Jeder Knoten, den ein Angler verwendet, erfüllt einen anderen Zweck; und Knoten, die sich für eine Situation bestens eignen, sind in einer anderen fehl am Platz. Ein Knoten mag zum Verbinden zweier Schnüre dienen; ein ande-

rer, um die Leine am Vorfach zu befestigen; wieder andere dienen der Befestigung von Haken, Ködern, Sinkern oder Drehringen. Insgesamt braucht man unter Umständen acht verschiedene Knoten.
Wenn man einen Knoten mit einer Monofilschnur knüpft, hilft Befeuchten mit Wasser oder Speichel. Auf diese Weise sorgt man für ein Minimum an Reibung und für festen Sitz. Chemische Schmierstoffe wie Silikon sollten vermieden werden, da sie oft im Knoten verbleiben und die Gefahr des Schlippens erhöhen, wenn die Schnur zum Einsatz kommt und der Knoten unter Spannung ist. Je enger man einen Knoten zieht, desto mehr Kraft kann auf ihn wirken, bevor er schlippt. Deshalb sollte man bei stärkerem Material zum Festziehen eine Zange verwenden. Eine solche Festigkeit kann man mit bloßen Händen nicht erreichen. Je feiner die Leine ist, mit der man einen Knoten bindet, desto leichter kann man den Knoten festziehen und einen guten Sitz sicherstellen.
Der Durchmesser der Schnur ist auch ein wichtiger Faktor, wenn man sich für einen bestimmten Knoten entscheidet. Ein Knoten, der sich für feines Material eignet, kann bei stärkeren Schnüren möglicherweise nicht fest genug angezogen werden. Beim Verbinden zweier Schnüre sollte man auch nicht vergessen, daß Schnüre des gleichen Fabrikats einen sichereren Knoten bilden. Dies gilt sowohl für Leinen mit identischem als auch für solche mit unterschiedlichem Durchmesser. Schnüre verschiedener Hersteller unterscheiden sich in ihrer Steifigkeit – ein Faktor, der für den Erfolg des Knotens ausschlaggebend sein kann.
Wenn ein Knoten festgezogen und fixiert ist, sollte das Ende in einem Winkel von 45 Grad ausgerichtet werden und möglichst nah am Knoten sitzen. Wichtig ist, daß das lose Ende nicht zu sehen ist. Falls es herausragt, kann es sich verhaken oder in Pflanzen verfangen. Zum Abschneiden sollte man eine Nagel- oder Gartenschere oder ein anderes zweckmäßiges Instrument verwenden. Keinesfalls darf das Ende abgebrannt werden, da man damit Knoten und Schnur beschädigen kann.
Knoten unterscheiden sich in ihrem Verhalten unter verschiedenen Belastungen. Einige Knoten sind sehr fest, wenn sie einer gleichmäßigen Belastung ausgesetzt sind, geben bei ruckartiger Beanspruchung aber nach. Mit dem folgenden Test kann man das Verhalten verschiedener Knoten vergleichen: Bitten Sie einen Freund, das Ende einer Schnur zu halten. Tragen Sie Handschuhe, und ziehen Sie am anderen Ende. Wenn Sie die Schnur abwechselnd gleichmäßigem Zug und ruckartigem Zerren aussetzen, können Sie feststellen, welcher Knoten unter den verschiedenen Beanspruchungen stärker ist.

Doppelter Schlaufenknoten

Der doppelte Schlaufenknoten oder Chirurgenstek schlippt nicht und kann sehr schnell geknüpft werden. Er wird mit einer einfachen Leine gebunden; ansonsten wird nach der gleichen Methode verfahren wie beim Chirurgenknoten (siehe Seite 38).

①

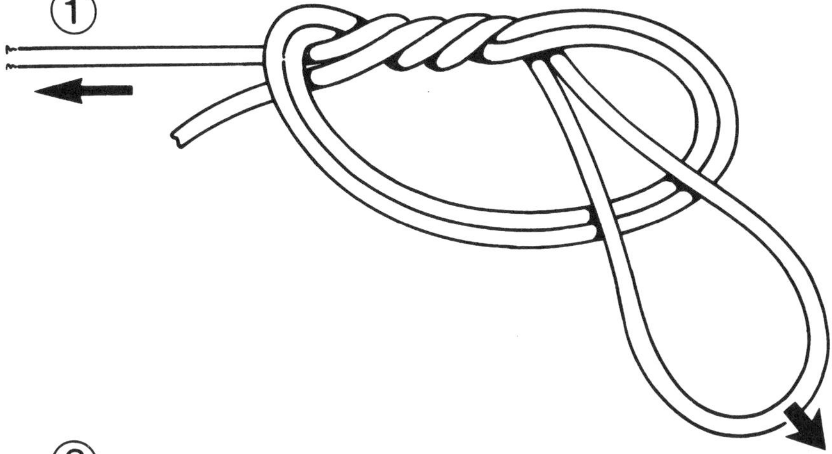

②

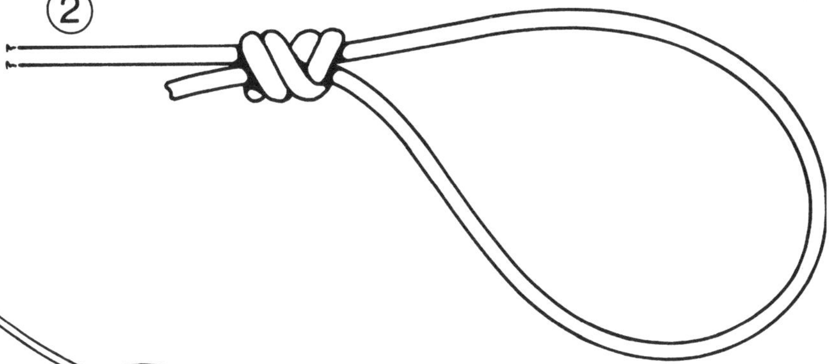

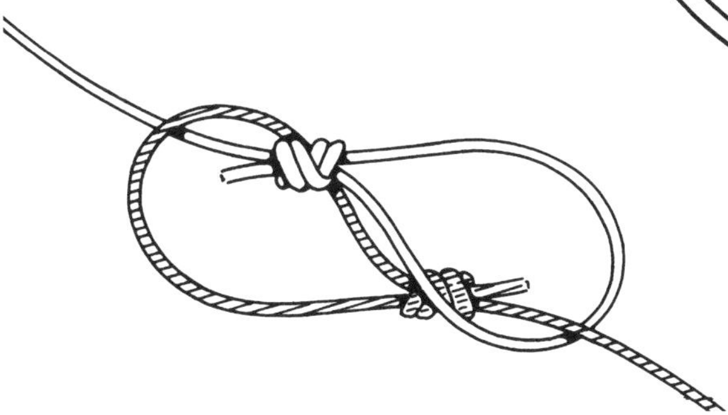

Verknüpfte Schlaufen sind eine schnelle und einfache Methode, um Angelzeug zu verbinden.

Klammerknoten

Dies ist einer der besten und beliebtesten Knoten, um eine Fliege oder einen Öhrhaken an einer Leit- oder Haarschnur zu befestigen. Er ist schwierig zu lernen und sollte vom Angler zu Hause geübt werden. Der Klammerknoten heißt auch Duncan- oder Grinserknoten.

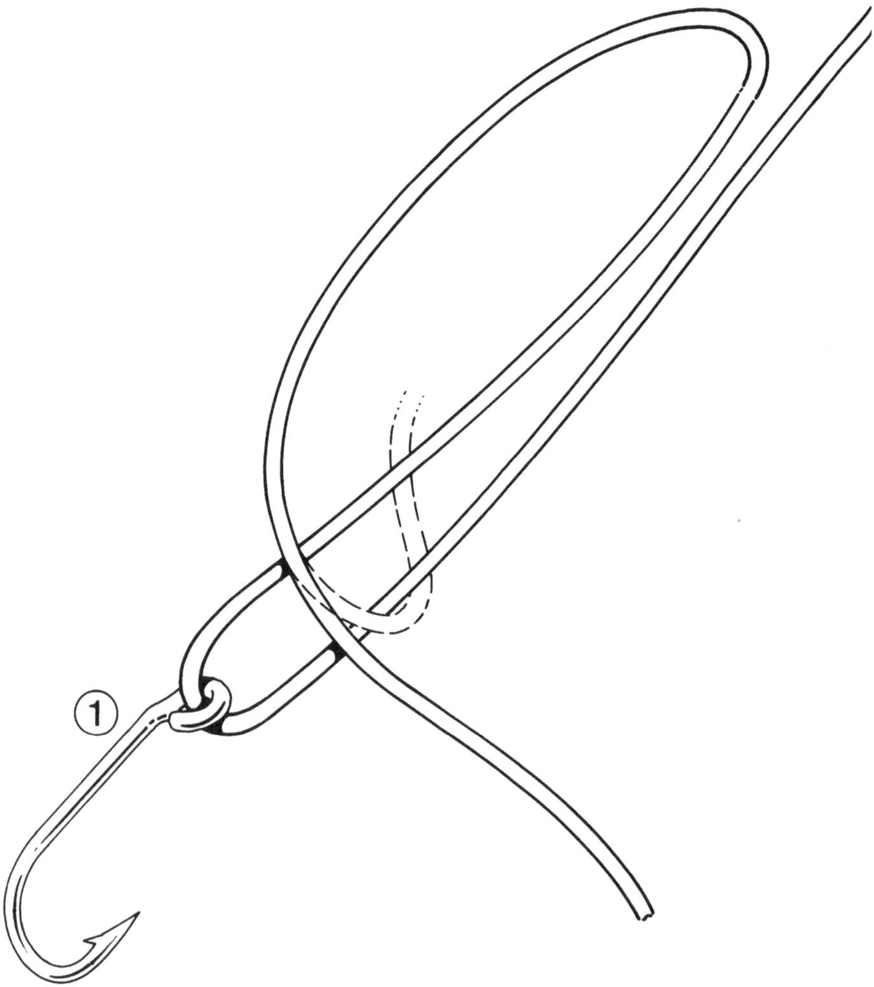

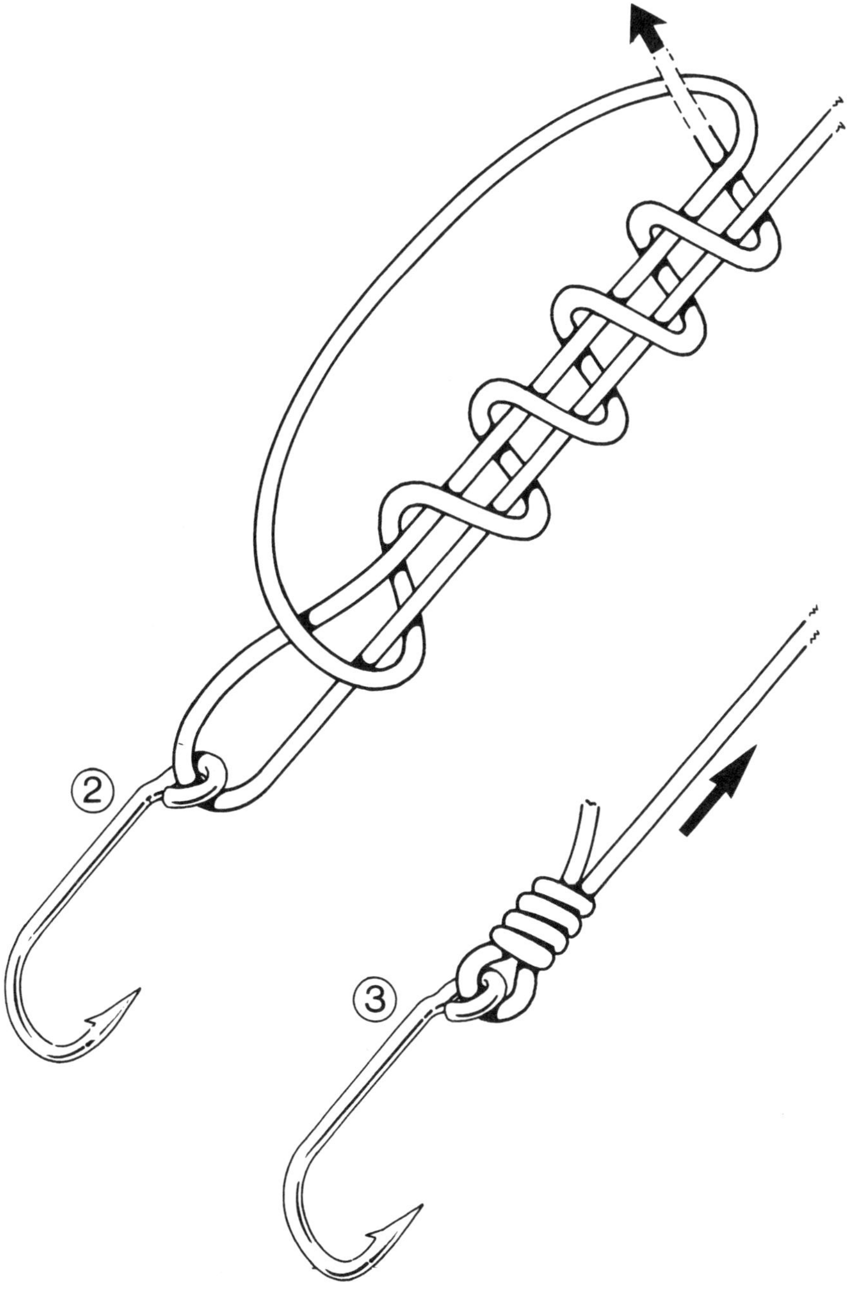
②
③

Doppelter Klammerknoten

Der doppelte Klammerknoten besteht im Grunde aus zwei nacheinander gebundenen Grinser- oder Klammerknoten. Er stellt eine wirksame Methode dar, um zwei Teile einer Haarleine oder eines Vorfachs zu verknüpfen. Angler verwenden diesen Knoten, wenn sie große Fische mit Hilfe von kleinen Fliegen und einer sehr dünnen Haarschnur fangen wollen.

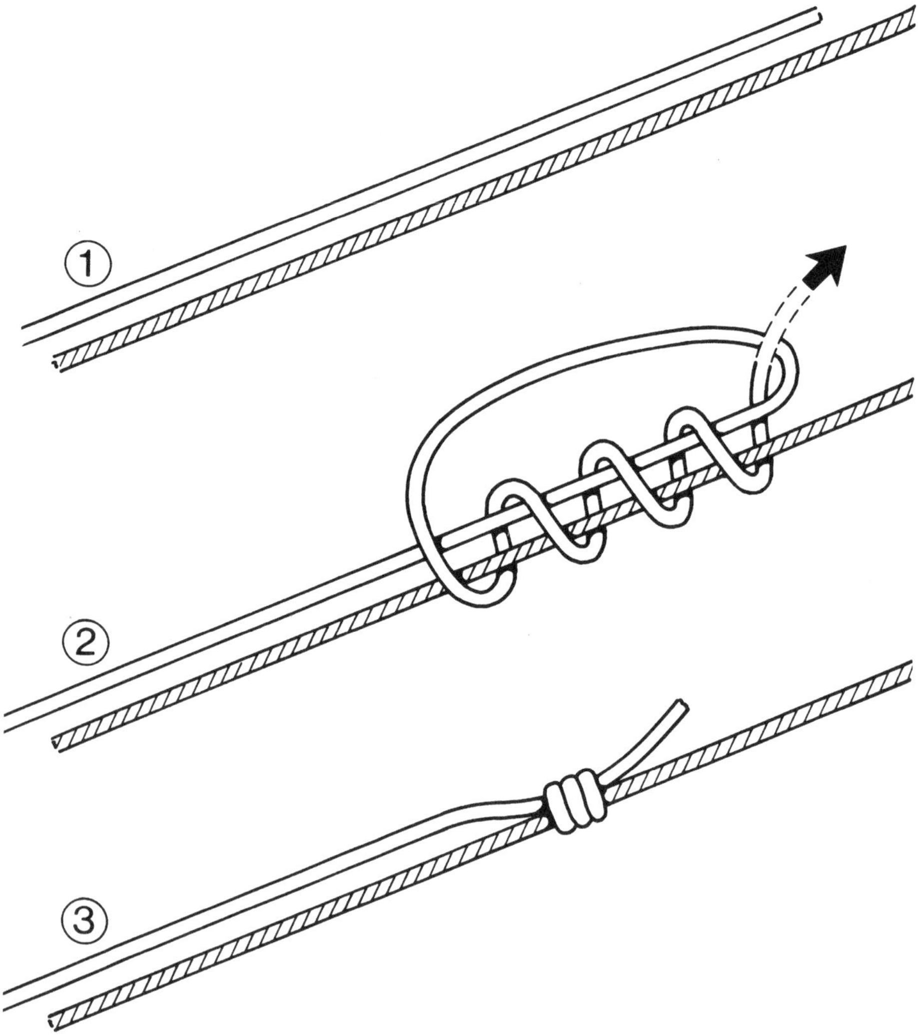

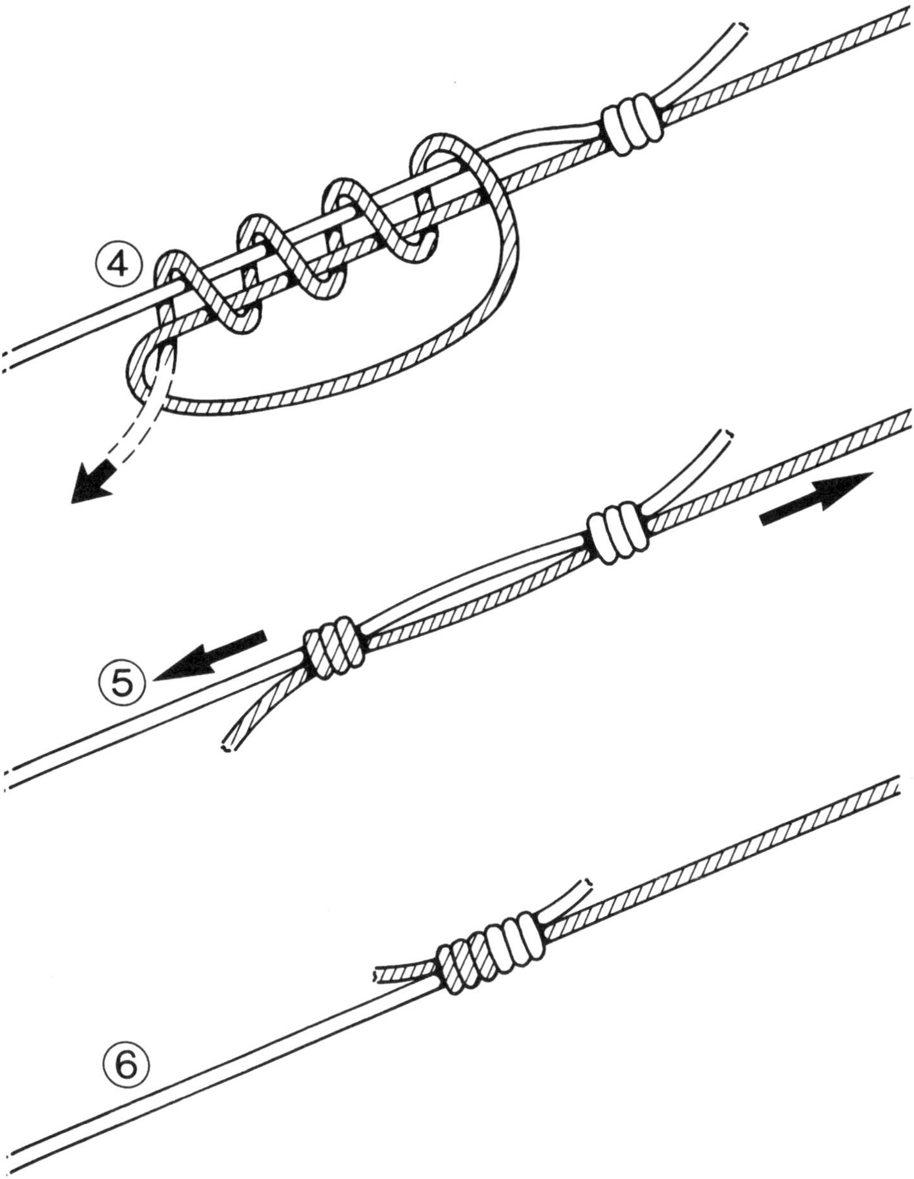
④
⑤
⑥

Blutknoten

Der Blutknoten erhielt seinen zweiten Namen Faßknoten von dem Aussehen, das er annimmt, nachdem die zahlreichen vorgeschriebenen Umgänge gemacht worden sind. Die Törns tragen dazu bei, Belastungen und Stöße abzufangen, und verleihen ihm eine relative hohe Reißfestigkeit. Der Blutknoten wird verwendet, um Nylonleinen mit identischem oder ähnlichem Durchmesser miteinander zu verbinden. Für Angler ist er in vielen Situationen hilfreich.
Wenngleich der Blutknoten kompliziert aussieht, ist er nicht schwierig zu binden. Wichtig ist, die Zahl der vorgeschriebenen Törns genau einzuhalten und den Knoten während der Umgänge lose zu lassen, um diese nicht zu verwirren.
Wenn der Knoten festgezogen ist, kann man ihn fast nicht mehr lösen. Viele Jahre lang hielten die Angelhersteller die Knüpfmethode dieses Knotens geheim. Jack Purvis, ein Ingenieur auf einem Ozeandampfer, zerlegte den Knoten Stück für Stück und betrachtete die Einzelteile unter dem Mikroskop. Erst so konnte die Struktur des Knotens erfaßt und 1910 in einer Veröffentlichung an die Anglerwelt weitergegeben werden.

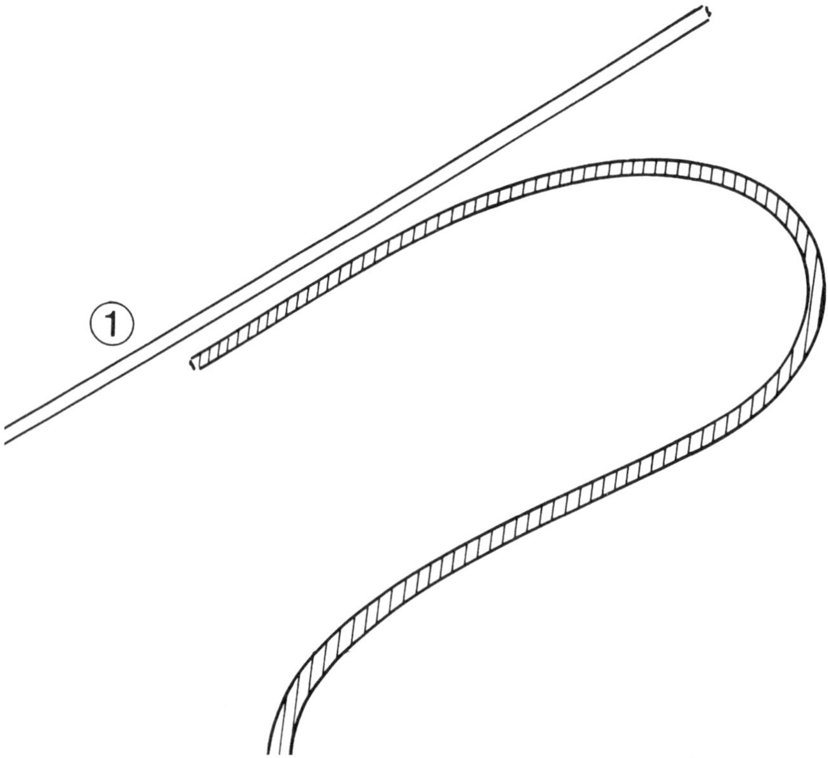

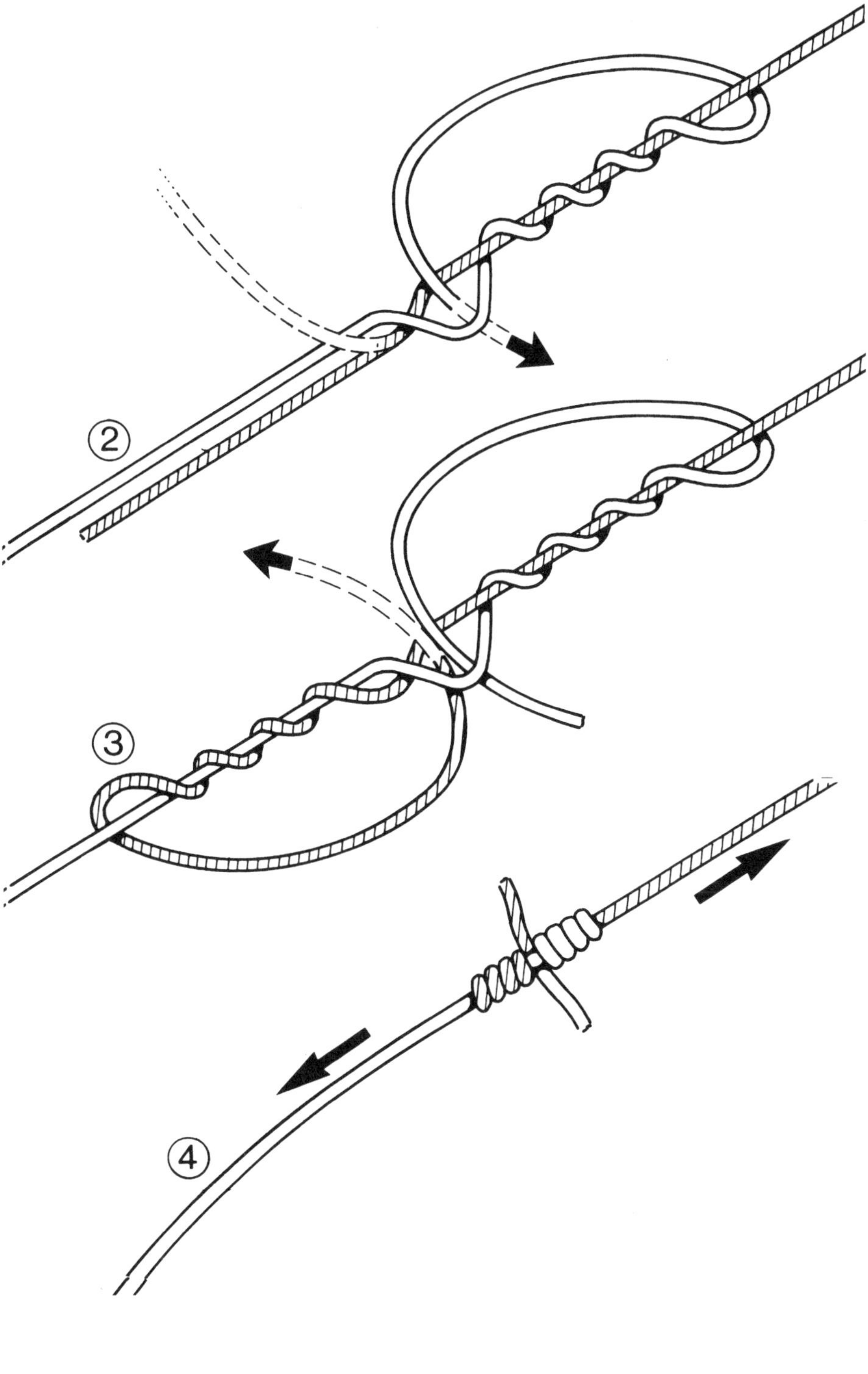
②
③
④

Blutknoten zur Springerbefestigung

Dieser Knoten wird von Fliegenfischern verwendet, um zusätzliche Fliegen auf die Schnur zu ziehen. Der Blutknoten zur Springerbefestigung oder Springerstek wird im rechten Winkel zur Schnur gebunden. Er stellt eine hervorragende Methode dar, um zusätzliche Fliegen auf einer Schnur zu befestigen, und läßt ein Paternoster-System entstehen (eine beschwerte Leine mit einer Reihe von Haken, die in bestimmten Abständen befestigt sind).

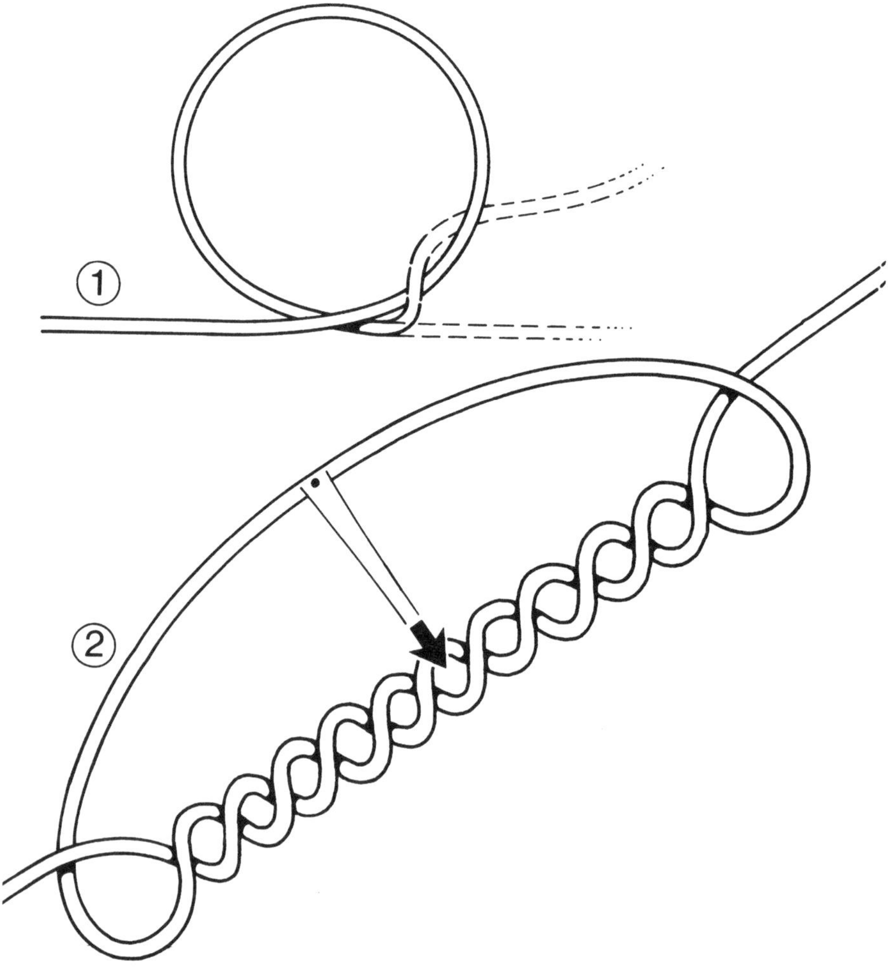

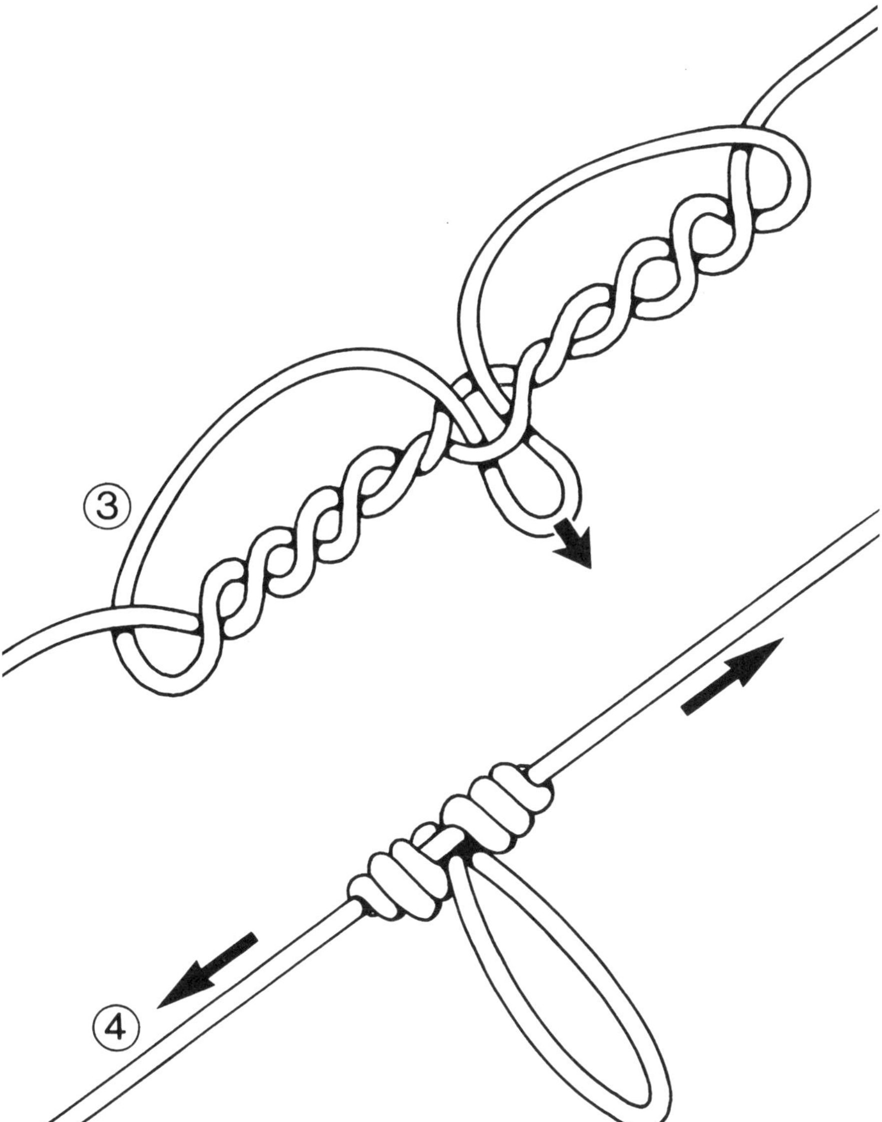
③
④

Gesteckter halber Blutknoten

Dieser Knoten wird von Anglern verwendet, um einen Drehring, einen Köder oder einen Öhrhaken an der Schnur zu befestigen. Er ist zwar leicht zu lernen und kann schnell geknüpft werden, doch eignet er sich nicht für schwere Schnüre. Um wirklich erfolgreich eingesetzt werden zu können, sollte man ihn in feinen Monofilleinen binden. Er ist auch unter dem Namen Klinschknoten bekannt.

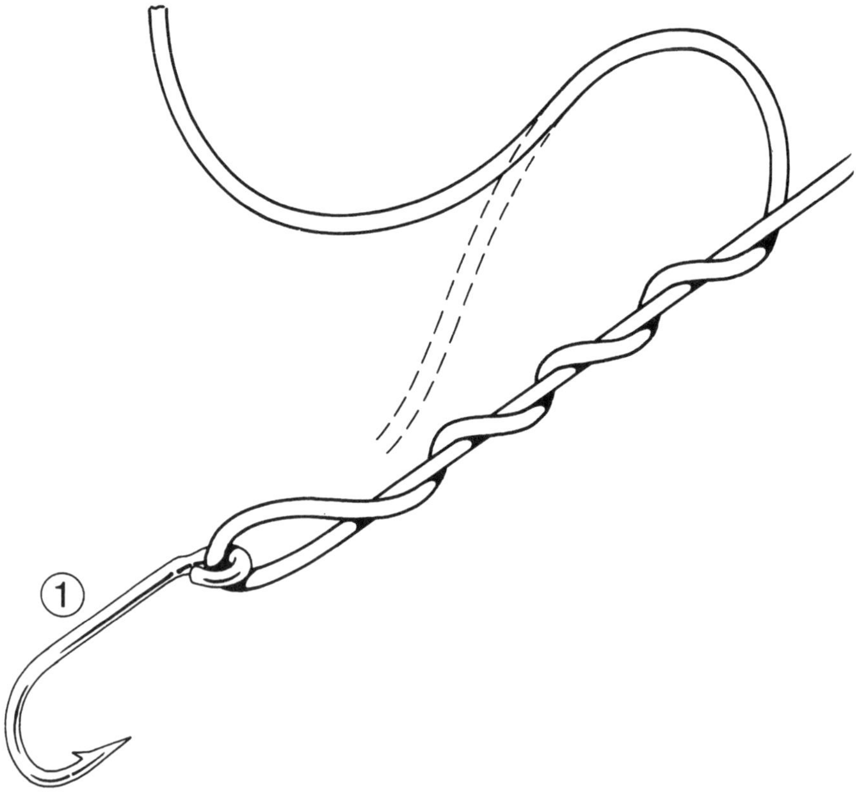

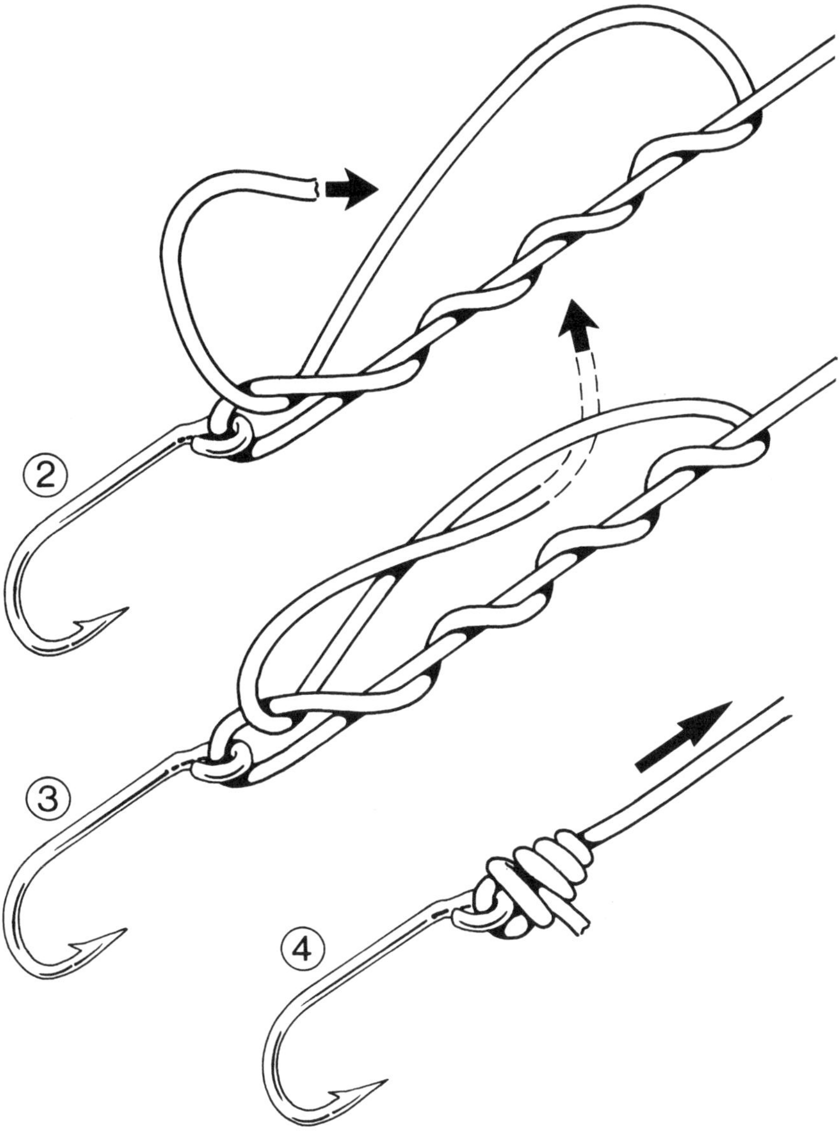
2
3
4

Wasserknoten

Dieser feste Knoten wurde bereits 1496 in Aufzeichnungen erwähnt und war Izaak Walton (1593-1683) mit Sicherheit bekannt. Dank seiner herausragenden Eigenschaften wird der Wasserknoten auch heute noch gern verwendet. Da man mit ihm Schnüre mit verschiedenem Durchmesser verknüpfen kann, ist er äußerst hilfreich, wenn man ein Vorfach an einer laufenden Leine befestigen will. Seine hohe Reißfestigkeit kann noch erhöht werden, indem man die Enden dreimal durchsteckt, wodurch ein Vierfachüberhandknoten aus zwei Schnüren entsteht. Diese können wie andere Mehrfachüberhandknoten festgezogen werden (siehe Seite 18).

①

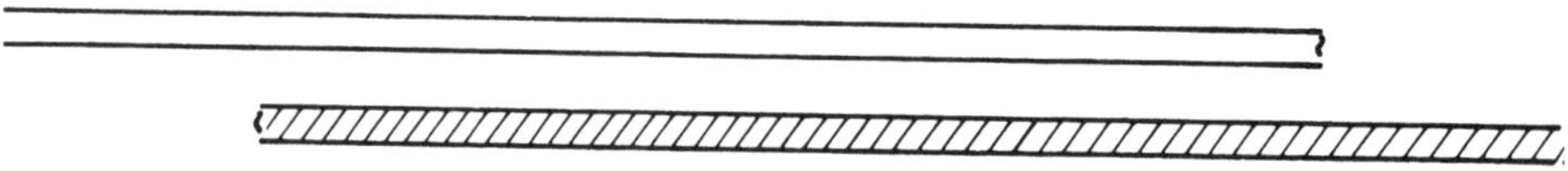

②

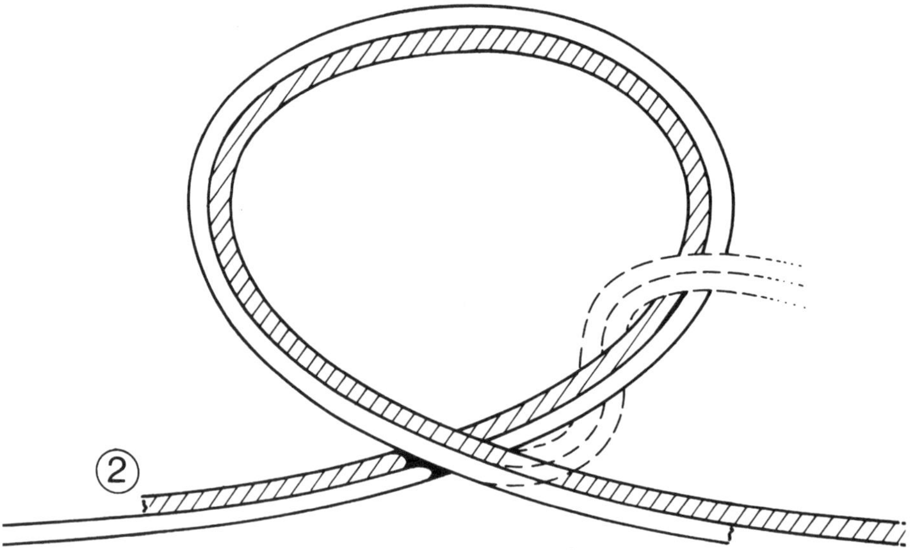

③

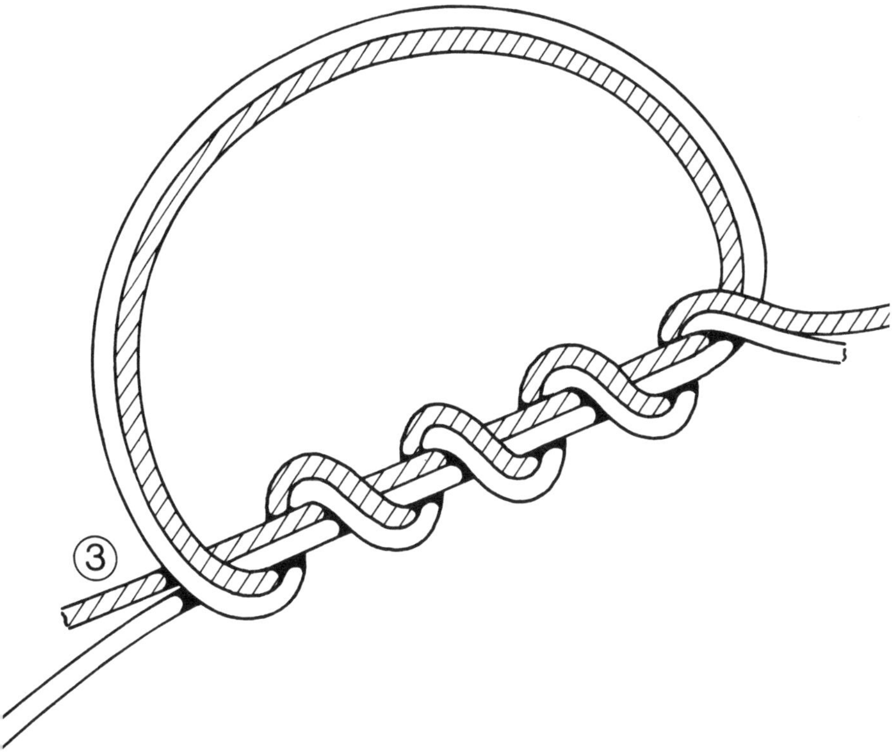

④

Turle-Knoten

Dieser Knoten wurde nach Major Turle aus Newton Stacey im englischen Devon benannt. Überall auf der Welt verwenden ihn Fischer, um Fliegen an Haken mit den Augen nach oben oder unten an der Haarschnur (dem dünnen Ende des Vorfachs) zu befestigen. Man führt die Schnur durch den Öhrhaken und bindet einen Knoten, durch den man dann den Haken steckt. Dabei muß man aufpassen, daß die Schlinge sich nicht in den Federfüßen der Fliege verhakt. Der Knoten wird an der Unterseite des Hakenhalses festgezogen.

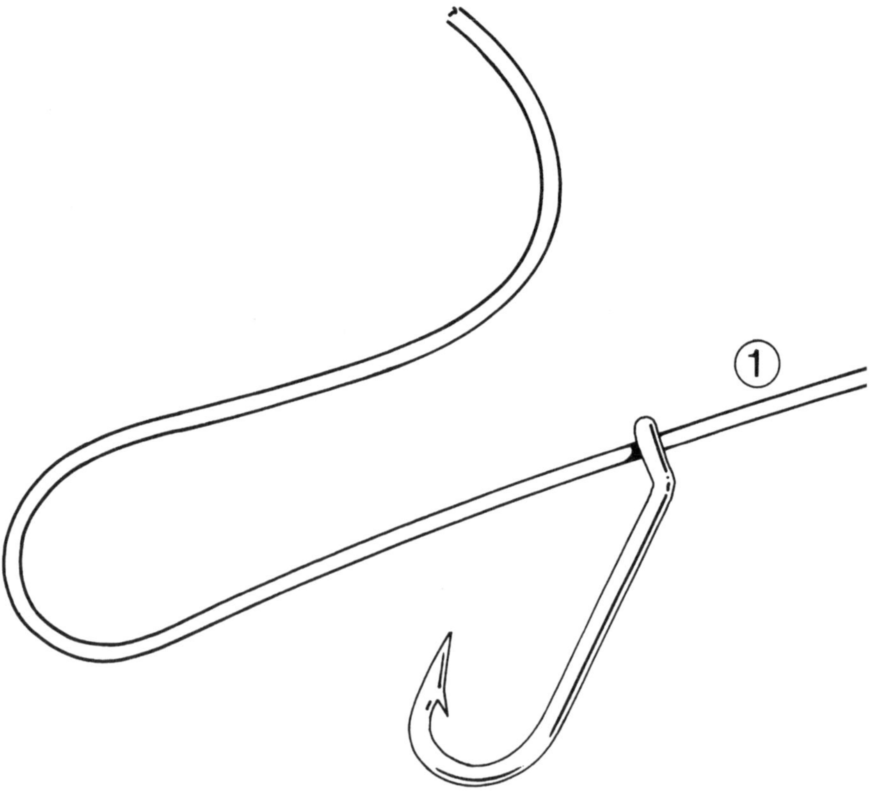

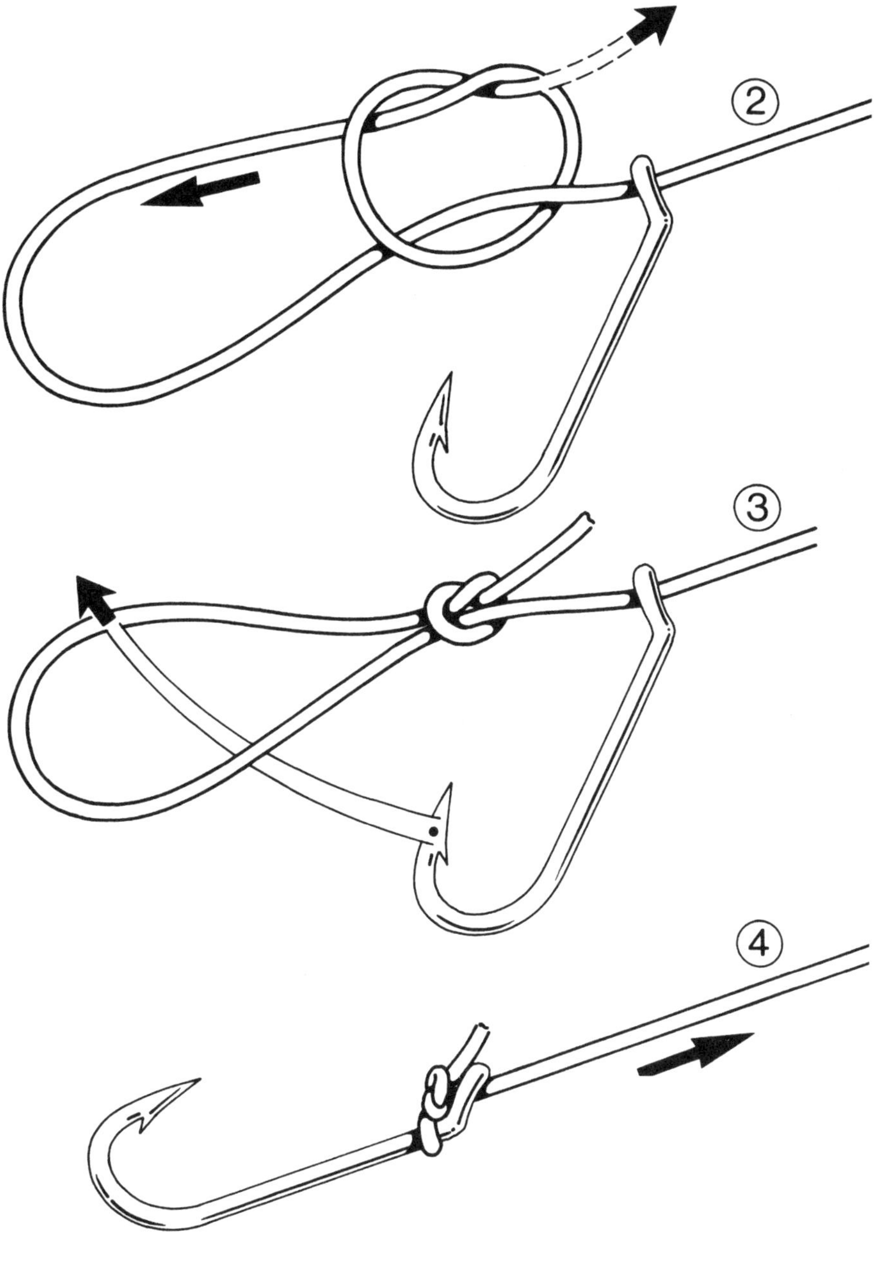
②
③
④

Nadelknoten

Mit dem Nadelknoten kann man eine glatte Verbindung zwischen der Fliegenschnur und dem dicken Ende des Vorfachs herstellen. Er eignet sich, um Monofilmaterial an einer Fliegenleine zu befestigen. Da er sehr stark ist, verfängt er sich nicht im Dickicht, wenn er durch das Wasser gezogen wird.

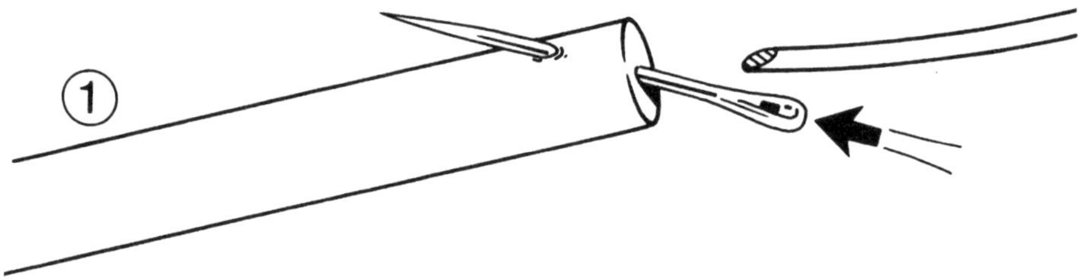

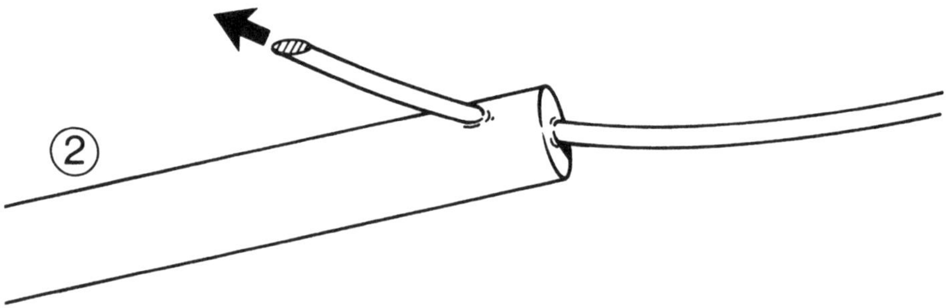

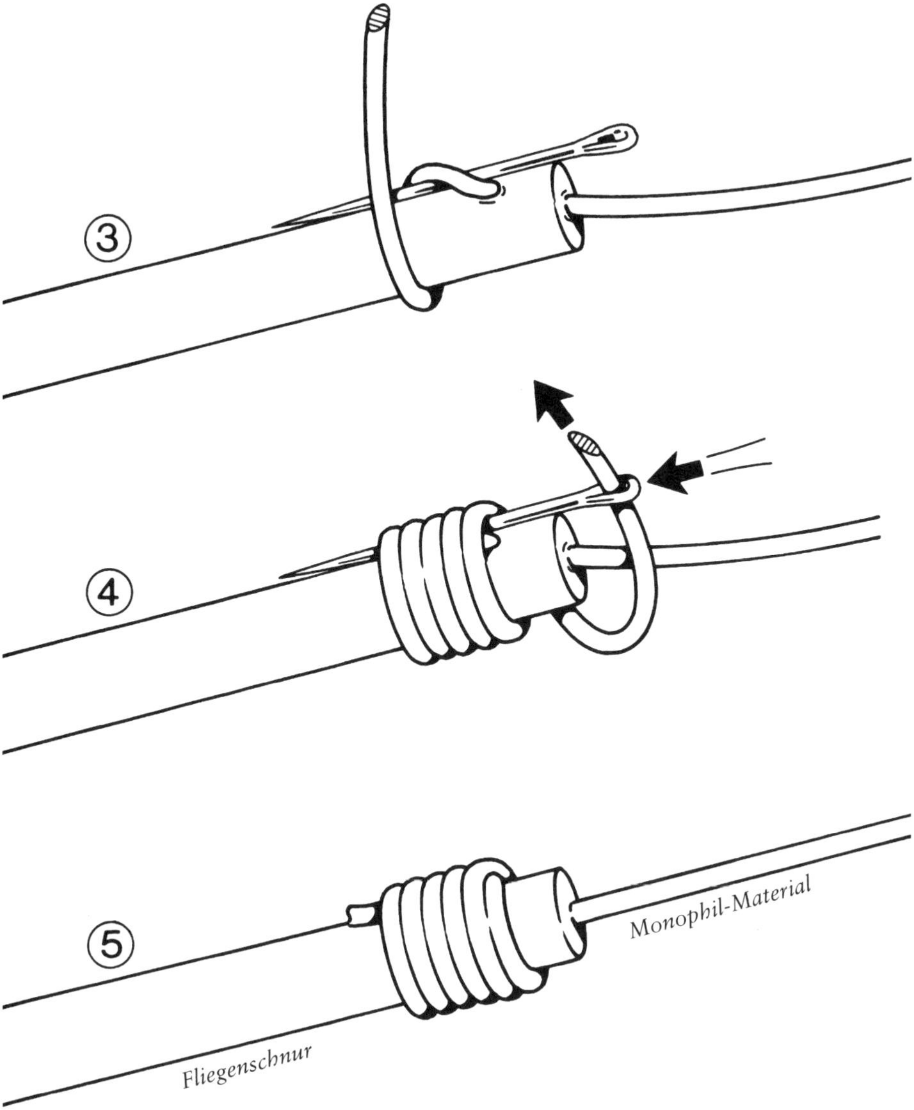
③
④
⑤
Monophil-Material
Fliegenschnur

Glossar

Achtplatting Starke, flexible Schnur aus vier Kardeelenpaaren, von denen zwei im Uhrzeigersinn und zwei im Gegenuhrzeigersinn gedreht sind. Diese Seilart kinkt nicht.
Aufdröseln Das Auflösen eines Seilstücks, vor allem am Ende.
Auge Schlinge, die am Ende einer Schnur durch Spleißen oder Bändseln entsteht.
Backingleine Monofilschnur oder geflochtene Polyesterleine mit einer Reißfestigkeit von 15 bis 30 Pfund und mehr. Auf einer Fliegenhaspel wird sie unter der Fliegenschnur als Füllstoff für die Spule verwendet. Sie verhindert ein Verschlingen und Verknoten der Fliegenschnur. Wenn ein großer Fisch anbeißt, kann man zusätzlich zur Fliegenschnur noch Backingleine nachgeben.
Bebändselt Mit Garntörns befestigt oder gesichert.
Biß Der Verbindungsdruck innerhalb eines Knotens, der das Schlippen verhindert.
Bucht Der schlaffe Teil des Seils zwischen losem und stehendem Ende. Der Ausdruck wird vor allem dann verwendet, wenn dieser Seilteil zu einer Schlinge gelegt und auf sich selbst zurückgeführt wird. Bei Knoten, die »in der Bucht« geknüpft werden, sind die Enden nicht am Knüpfvorgang beteiligt.
Durchholen Das Durchführen eines Seils durch eine Öffnung, wie Ring, Klampe etc.
Einfach geschlagenes Tau Dreikardeeliges, rechtsgedrehtes Tau.
Ende Im allgemeinen das Ende eines verknoteten Seils – doch siehe auch stehendes Ende und loses Ende.
Fliegengespann Zwei, drei oder vier Fliegen, die durch kurze monofile Fäden oder Springer an dem gleichen Vorfach befestigt werden. Die Endfliege heißt Strecker, da sie die Schnur streckt.
Führung Die Richtung, die das lose Ende durch einen Knoten nimmt.
Garn Das grundlegende Element eines Seils oder einer Kordel aus Synthetik- oder Naturfasern.

Grummet Ein Ring, meist aus Metall oder gedrehtem Seil, der verwendet wird, um das Ende eines Segels am Stag zu befestigen, um ein Ruder an seinem Platz zu halten etc.
Haarschnur oder Haar Dünnes Endteil des Vorfachs, an dem die Fliege befestigt wird. Es ist im allgemeinen 30 bis 45 cm lang.
Kabel Ein Seil mit einem starken Durchmesser; Ankerwarp oder -kette.
Kabelgeschlagen Seil aus drei rechtsgedrehten Kabeltauen, die linksgeschlagen werden, um ein großes, neunkardeeliges Tau oder Kabel zu binden.
Kabeltau Ein Tau oder Kabel mit 12 bis 60 cm Umfang, das sich zum Schleppen und Vertäuen eignet.
Karabiner Ein Verbindungsstück aus Metall mit einem Sicherheitsverschluß; wird von Bergsteigern und Kletterern verwendet.
Kardeel Garne, die in der entgegengesetzten Richtung zum Garn gedreht werden. Aus Kardeelen bestehende Seile (bei nicht geflochtenen Seilen) werden geschlagene Seile genannt.
Kernmantel Modernes Synthetikseil, das aus einer Außenhülle aus fest geflochtenen Fasern und einem faserigen Kernstück besteht.
Klampe Ein kleines Stück Metall oder Holz mit vorstehenden Enden, an denen das Seil befestigt werden kann.
Klaren Lösen eines verhedderten Seils.
Kleinkram Dünnes Seilwerk, Zwirn, Schnur oder Leine mit einem Umfang von weniger als 2,5 cm und einem Durchmesser von weniger als 1,25 cm.
Leine Allgemeiner Name für Seilwerk ohne einen bestimmten Zweck, wenngleich der Begriff sich auf eine bestimmte Verwendung beziehen kann (Wäscheleine, Angelleine etc.).
Loses Ende Der Teil des Seils, der beim Binden des Knotens aktiv beteiligt ist. Der Gegensatz dazu ist das stehende Ende.
Marling Ergebnis des Bändseln oder Laschen mit Marlleine, wobei bei jedem Törn ein Stek entsteht.
Marlleine Eine dünne Leine aus zwei oft locker gedrehten Kardeelen; wird als Takling für Tauenden verwendet, um ein Aufdröseln zu verhindern.
Marlspieker Sich verjüngende Holzpinne zum Bearbeiten oder Lösen von Kardeelen.
Platting Flechtwerk (flach, rund oder rechteckig), das aus drei bis neun Schnüren hergestellt wird.
Reißkraft Die vom Hersteller geschätzte Belastung, die ein Seil reißen läßt. Die Berechnung basiert auf der Kraft eines trockenen Seils unter gleichmäßiger Zugbelastung. Nässe, Abnutzung, Knoten oder Schlagbelastung sind hierbei nicht berücksichtigt. Leinen sind schwächer, wenn sie

abgenützt, naß oder verknotete sind. Aus diesem Grund kann die vom Hersteller angegebene Reißkraft nicht als zuverlässig angesehen werden.

S-geschlagenes Seil Linksgeschlagenes Seil.

Schlaffe Part Der Teil des Seils, der nicht unter Spannung steht.

Schlag Die Drehrichtung – rechts oder links – der Kardeele, die das Seil bilden.

Schlaufe Das Auslegen eines Seilteils, so daß es zusammenläuft oder sich kreuzt.

Schlinge Das Verknüpfen von zwei Seilen an ihren Enden. Dieser Name wird für eine Gruppe von Knoten verwendet, die dazu dienen, Schnüre miteinander oder mit Gegenständen zu verknüpfen.

Seele oder Kernstück Die Seele oder der Innenteil eines Seils oder einer Platting, die aus mehr als drei Kardeelen besteht. Bei den meisten geflochtenen Leinen besteht die Seele aus mehreren parallelen Kardeelen oder locker gedrehten Garnen, die durch die gesamte Länge des Seils verlaufen. In manchen Seilen dient die Seele zur Verstärkung oder Versteifung und verleiht ihnen Elastizität; bei anderen dient sie nur als billiger schwacher Füllstoff.

Sich bekneifen Die Kardeele eines Seils fressen sich bei der Bildung eines Knotens so fest, daß dieser nicht mehr gelöst werden kann.

Sichere Betriebslast Die geschätzte Belastbarkeit eines Seils unter Berücksichtigung von Alter, Abnutzung, verwendeten Knoten und Schlagbelastung. Die tatsächliche sichere Betriebslast kann nur ein Sechstel der vom Hersteller angegebenen Reißkraft betragen.

Spitze Ein verjüngtes oder dekoratives Ende eines Seils, um das Durchholen durch Öhre oder Löcher zu erleichtern.

Spleißen Das Verbinden von Seilenden durch Verknüpfen der Kardeele.

Springer Kurzer monofiler Faden mit einer Naßfliege, der zwischen der Fliegenschnur und der Endfliege am Vorfach befestigt wird. Zum Teil kann man Springer bereits am Vorfach befestigt kaufen. Andernfalls verknüpft man die Springer durch einen Blutknoten mit dem Vorfach; siehe Fliegengespann.

Stehende Part Das Seilteil, das fest und gespannt ist; im Gegensatz zum freien oder losen Ende, an dem der Knoten gebunden wird. Beim Fischen wird die stehende Part um die Haspel gewunden.

Stehendes Ende Das kurze Stück am Ende der stehenden Part eines Seils.

Stek Knoten, um ein Seil an Pfosten, Ring, Spiere etc. oder an einem anderen Seil zu befestigen.

Stopper Ein kurzes Seil- oder Kettenstück, mit dem der Lauf der Leine oder des Kabels kontrolliert wird; auch zum Halten von Leinen beim Klampen geeignet.

Takling Hierbei wickelt man kleine Schnüre um das Seilende, um ein Aufdröseln zu verhindern.
Taljereep Kurzes, meist dreikardeeliges Seilstück, das oft schmückend geflochten wird. Man verwendet es zur Sicherung von Gegenständen oder Takelage oder als Griff für Werkzeug oder persönliche Gegenstände.
Tau Starkes, dickes Seil von mehr als 2,5 cm Durchmesser; wird aus gedrehten Faserkardeelen, Draht oder Lederstreifen hergestellt.
Tauwerk Allgemeiner Name für Taue und Seile; vor allem bei der Schiffstakelage benutzt.
Törn Eine Runde Seil. Man erhält einen Törn, indem man das lose Ende um die stehende Part oder Schlinge führt. Der Törn ist das Grundelement des Knotens. Einen Törn machen heißt: ein Seil einmal um eine Klampe oder einen Pfosten führen.
Umschlagen Die Verzerrung, die entsteht, wenn ein Knoten sich unter Belastung lockert oder schlippt. Manche Knoten werden absichtlich umgeschlagen, um einen anderen Knoten zu bilden oder um sie zu knüpfen bzw. zu lösen.
Unklar Ein Seil, das nicht frei gleiten kann, da es sich verschlungen oder verfangen hat.
Vorfach Dünnes, sich verjüngendes Ende einer Nylonschnur, die die Verbindung zwischen Fliegenschnur und Fliege herstellt. Es kann mechanisch (und damit knotenlos) verjüngt oder durch die Verknüpfung von Leinen mit kleiner werdendem Durchmesser geschaffen werden. Das Vorfach ist weniger umfangreich als die Fliegenleine, so daß die Fliege so unauffällig wie möglich präsentiert werden kann. Bei Verwendung einer Schwimmschnur erlaubt die Verlängerung des Vorfachs ein Fischen in tieferen Gewässern.
Warpen Ein Schiff durch Seile und Kabeltaue im Hafen umsetzen. Ein Warp ist ein Tau, das zu diesem Zweck verwendet wird.
Z-geschlagen Rechtsgeschlagenes Seil.

Knoten für bestimmte Aktivitäten

Dieser Abschnitt unterteilt die häufigsten in diesem Buch dargestellten Knoten für den Freizeitgebrauch in fünf Hauptgruppen. Die erste Gruppe umfaßt die wichtigsten Knoten, die bei den meisten Aktivitäten Einsatz finden. Dann folgen vier spezielle Gruppen von Knoten, die sich für Camping, Klettern, Fischen und Segeln eignen.

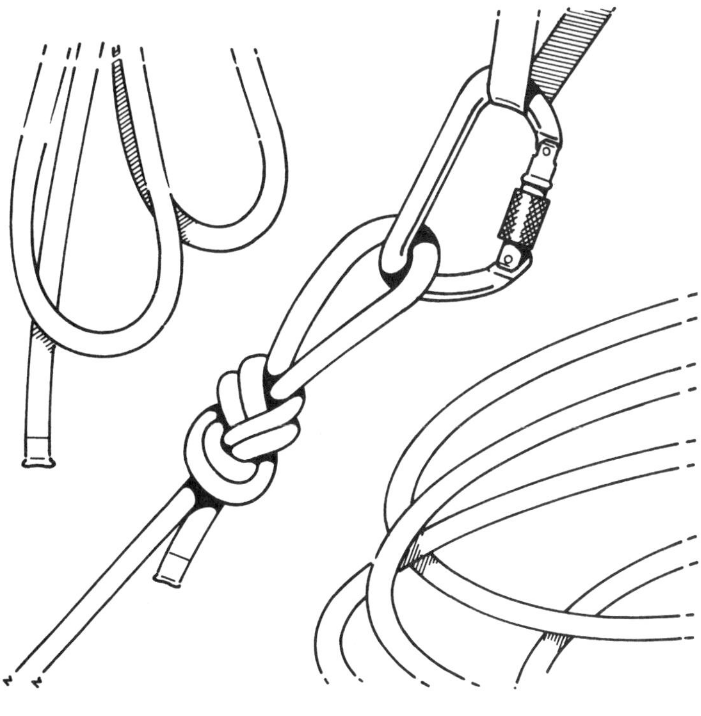

Grundlegende Knoten für den Freizeitgebrauch

Achtknoten 17
Reffknoten 24
Schotstek 28
Spierenstich 30
Achtstek 40
Palstek 50
Schiebeknoten 72
Trompetenstek 74
Halbstek 78
Webeleinenstek 80
Konstriktorknoten 86
Rundtörn und zwei Halbsteke 92
Fischerstek 94
Straßenräuberstek 96

Campingknoten

Mehrfachüberhandknoten 18
Hievleinenknoten 20
Reffknoten 24
Schotste 28
Spierenstich 30
Kreuzknoten 34
Angelschlaufe 46
Palstek 50
Schiebeknoten 72
Trompetenstek 74
Webeleinenstek 80
Konstriktorknoten 86
Straßenräuberstek 96
Holzfällerknoten 110

Kletterknoten

Achtknoten 17
Hievleinenknoten 20
Doppelter Spierenstich 32
Kreuzknoten 34
Achtschlaufe 42
Gesteckte Achtschlaufe 44
Kletterpalstek 52
Webeleinenstek über einem Ring 82
Prusikknoten 100
Rollstek 102
Mastwurf 104

Fischerknoten

Spierenstich 30
Doppelter Spierenstich 32
Angelschlaufe 46
Doppelter Schlaufenknoten 115
Klammerknoten 116
Doppelter Klammerknoten 118
Blutknoten 120
Blutknoten zur Springerbefestigung 122
Gesteckter Halber Blutknoten 124
Wasserknoten 126

Segelknoten

Achtknoten 17
Hievleinenknoten 20
Schotstek 28
Palstek 50
Palstek mit einer Bucht 58
Trompetenstek 74
Webeleinenstek 80
Pfahlstek 90
Fischerstek 94
Rollstek 102

Verzeichnis der Knoten

Achtknoten 17
Achtschlaufe 42
Achtstek 40
Alpiner Schmetterlingsknoten 48
Angelschlaufe 46
Ankerstek 112

Blutknoten 120
Blutknoten zur Springerbefestigung 122

Chirurgenknoten 38

Diebsknoten 27
Doppelter Klammerknoten 118
Doppelter Schlaufenknoten 115
Doppelter Spierenstich 32
Dreiteilige Krone 60

Fischerstek 94
Fuhrmannsstek 98

Gesteckte Achtschlaufe 44
Gesteckter halber Blutknoten 124

Halbsteke 78
Henkersknoten 68
Hievleinenknoten 20
Holzfällerknoten 110
Hunter Stek 36

Katzenpfote 108
Klammerknoten 116
Kletterpalstek 52
Konstriktorknoten 86
Kreuzknoten 34
Kuhstek 79

Laufende Knoten 65
Laufender Palstek 66

Mastwurf 104
Mehrfachüberhandknoten 18

Nadelknoten 130

Palstek 50
Palstek – geworfen 54
Palstek – Seil unter Spannung 56
Palstek mit einer Bucht 58
Pfahlstek 90
Prusikknoten 100

Reffknoten 24
Riegelknoten 88
Rollstek 102
Rundtörn und zwei Halbsteke 92

Schiebeknoten 72
Schlaufenknoten 76
Schlingen 23
Schnabelstek 106
Schotstek 28
Spanischer Palstek 62
Spierenstich 30
Steke 77
Stopperknoten 15
Straßenräuberstek 96

Tarbuck-Knoten 70
Trompetenstek 74
Turle-Knoten 128

Überhandknoten 16
Überhandschlaufe 22
Umgeschlagener Reffknoten 26

Verkürzungen 73

Wasserknoten 126
Webeleinenstek 80
Webeleinenstek über einem Pfosten 82
Webeleinenstek über einem Ring 84